本研究受到国家自科基金青年项目
"基于完善数据的可解释深度学习模型及多市场定价研究"资助

项目编号:72303271

经济学学术前沿书系
ACADEMIC FRONTIER
ECONOMICS BOOK SERIES

机器学习与资产定价：
A股市场收益预测及特征分析研究

马 甜◎著

经济日报出版社

作者简介

马 甜 中央民族大学经济学院讲师，本科和硕士就读于北京航空航天大学可靠性与系统工程学院，博士毕业于中央财经大学金融学院。主要研究方向为机器学习与资产定价，相关研究成果发表于《经济学（季刊）》《管理科学学报》、Journal of Empirical Finance 等国内外权威金融杂志。主持国家自然科学基金青年项目。

前　言

　　资产定价研究在强化市场认知中具有重要作用，从投资者角度，合适的定价预测模型有利于构建有效的投资组合；针对管理者，企业市值管理及再融资需要有效的定价模型支撑；而对监管层来说，及时有效的风险测度是构建金融安全的核心。本书以大数据时代为背景，将机器学习与资产定价相结合，在风险解释、收益预测以及经济机制等方面进行了探索研究。首先，针对中国A股市场存在的收益与风险不对称问题，使用机器学习重新对系统性风险进行测度，缓解了异象；其次，将研究拓展到样本外的可预测性上，对比了各类机器学习算法，创新性地构建了动态深度学习模型，提升了市场有效性；最后，从机器学习的可解释性出发，从微观和宏观两个视角对机器学习背后的经济机制进行了讨论。

　　本书第四章从市场风险角度出发，分析了中国股市长期存在的风险收益不对称问题，构建了基于人工智能的动态CAPM模型并进行解释。通过使用各类机器学习算法结合666个宏观和微观大数据进行系统性风险建模，更灵活、更智能地测度了我国股票市场的系统性风险。实证发现基于月度数据的静态CAPM模型无法充分解释风险补偿收益，即国内股票市场长期存在CAPM模型斜率β过于平坦和截距α显著大于0的现象。而在使用基于机器学习的动态CAPM模型后定价偏误显著降低，其中非线性模型效果最好。此外通过对市场波动进行拆解，发现中国市场中收益水平变动风险是导致异象产生的主要原因。

　　本章第五章进行了基于机器学习的中国股市收益预测研究。使用包括LASSO、岭回归、弹性网络、主成分分析、偏最小二乘、随机森林、增强梯度回归树、神经网络等各类机器学习模型并结合中国A股市场收益和特征大数据进行多因子模型建模和收益预测。结果发现，相比基准的最小二乘法回归模型，机器学习克服了高维数据运算时出现的多重共线性和过拟合的问题，且非线性模型相比线性模型具有更好的预测能力，主要原因在于变量间的非线性信息同样具有定价能力，非线性算法对这部分信息的提取完善了实证模型。所有模型中，本书基于中国股票市场特征进行构建的生成式对抗网络模型（Generative Adversarial Networks，GAN）表现最优，其特有的动态学习功能使得模型在市场波动的情况下相对更为稳定，预测效果更好，基于模型预测结果构建的多空组合月度收益达到了1.13%，夏普比率为0.71。

第六章研究了机器学习背后的经济机制。首先考虑了存在交易摩擦时投资组合的收益变化，发现在引入0.125%和0.25%的单边手续费率后，非线性模型的组合收益仍然显著。因子重要度方面，结合GAN模型实证结果对本书使用的特征因子进行了排序，发现影响我国股票市场的三类重要特征：（1）价格及交易量趋势类；（2）流动性指标类；（3）基本面指标类。前10大特征因子对于定价的贡献度占到了所有因子的40%左右。之后使用交易摩擦、波动及不确定性以及换手率和流动性等三类指标研究了GAN对于不同微观特征股票是否具有同样的预测能力。发现GAN模型整体上对低波动、高流动性的"蓝筹股"预测精度更高。

为了更深入地理解模型与宏观经济、市场状态之间的关联，第六章还从宏观经济活跃度、经济与市场的不确定性、市场情绪等多个方面入手，构建了以宏观指标为虚拟变量的回归模型，并发现GAN模型在不同经济周期其定价能力有显著的不同。总体而言，当宏观经济处于较高的新增固定资产投资、社会消费品零售总额、社会融资规模以及再贴现利率时，表明宏观经济有可能处于过热或者投资者非理性的状态，基于公司基本面特征提取的深度学习因子的预测收益会下降。当市场波动率、外贸货物量、CPI环比、消费者满意度较高，而美国贸易政策不确定性较大时，我国的经济和市场状态较为活跃且外部世界的不确定性较高，此时深度学习因子捕捉到了企业基本面的这些特征，能获得更显著的超额收益。

本书的主要贡献体现为：（1）构建了高维的宏观和微观特征数据，将多类机器学习模型应用到中国股票市场分析中，丰富了中国A股市场的实证资产定价研究；（2）利用机器学习构建动态资产定价模型，重新对A股市场系统性风险进行了测度，揭示了系统性风险的传导逻辑；（3）在比较各类模型后，提出了针对中国A股市场动态变化特征的深度学习模型GAN，新模型具有更好的定价和预测能力；（4）基于实证结果从微观和宏观视角挖掘了机器学习高预测性背后的经济机制，提升了复杂模型在金融市场中的可解释性，为后续相关研究提供了支持。

目 录
CONTENTS

第一章 绪论 ··· 1
    第一节 研究背景 ··· 2
    第二节 研究内容和方法 ·· 6
    第三节 研究意义及创新 ·· 10
    第四节 本书结构 ·· 18

第二章 文献综述 ··· 21
    第一节 资产定价的理论模型发展历程 ··························· 23
    第二节 资产定价中的异象特征 ································· 36
    第三节 机器学习与资产定价 ··································· 44
    第四节 文献述评 ·· 51

第三章 数据构建及机器学习模型设定 ································ 55
    第一节 中国股市收益和特征数据 ······························· 56
    第二节 机器学习模型设定 ····································· 68
    第三节 本章小节 ·· 86

第四章 机器学习与中国股市系统性风险测度——基于贝塔异象视角的研究 ···· 87
    第一节 理论模型和数据统计 ··································· 89
    第二节 基于机器学习的动态 CAPM 模型 ······················ 93
    第三节 基于 Fama-French 三因子模型的探讨 ··················· 101
    第四节 稳健性检验 ·· 104
    第五节 本章小结 ·· 105

第五章 基于机器学习的中国股市收益预测研究 ………… 107
第一节 个股横截面收益预测 ………… 109
第二节 投资组合分析 ………… 115
第三节 本章小节 ………… 124

第六章 机器学习模型的可解释性与经济机制分析 ………… 127
第一节 经济重要度分析 ………… 129
第二节 因子重要度分析 ………… 130
第三节 深度学习因子的微观经济机制研究 ………… 132
第四节 深度学习因子的宏观经济机制分析 ………… 137
第五节 本章小节 ………… 143

第七章 结论与展望 ………… 145
第一节 主要结论 ………… 146
第二节 启示 ………… 150
第三节 研究不足和未来研究展望 ………… 152

参考文献 ………… 155
附 录 ………… 169
附录一：企业微观层面特征变量构建方法 ………… 170
附录二：机器学习模型的超参数设定 ………… 180
后 记 ………… 184

第一章 绪论

第一节　研究背景

对收益与风险的解释和预测是资产定价领域的核心议题。无论是横截面上的个股收益比较还是市场或指数的时序收益预测，核心问题在于确定合适的资产定价模型。传统的资本资产定价模型CAPM基于Markowitz的均值－方差组合理论设定，认为股票或组合的超额收益来源于其包含的系统风险。后续的套利定价模型APT和经典的Fama-French因子模型指出影响收益的因素不只市场因子，还应包括其他诸如企业基本面和宏观环境等因子变量，即多因子模型。多因子模型的提出极大地丰富了资产定价领域的探索度，众多传统模型无法解释的异象被发现并构造成为定价因子，形成了因子动物园（Factor Zoo）。

目前，学术界对于资产定价研究缺乏高维视角的探索。到目前为止，我们已经发现了大量具备预测能力的企业特征，而很多研究文献仍然只使用了少量的因子数。相当一部分横截面股票收益预测的研究工作将重点放在少量的公司特征的挖掘和回归上，如公司规模、盈利能力或公司账面市值比等。鉴于大量因子变量与收益预测和构建基于因子的投资组合的潜在相关性，关注如此少的变量实际上意味着研究者采用了非常高程度的稀疏性模型。即在成百上千的潜在因子中，通过正则化将绝大多数特征的影响都降低为零。

但上述变量选择过程具有相当的主观性，且我们无法获知在引入其他变量时模型的变化，即传统研究并没有充分利用高维特征包含的信息优势。与此同时，近年来可以充分捕捉预期股票收益的有效因子数量一直呈上升趋势。从最早的 Fama and French（1993）三因子模型，到 Fama-French 五因子模型，以及后续更多异象因子的发现（图 1-1），资产定价正在走入大数据时代。新的时代背景带来新的研究挑战，如对于众多特征异象有效性的联合检验，异象之间的冗余关系，新异象对于定价模型的边际贡献度以及异象的重要度排序等，这些问题无法通过传统计量模型进行解释，而需要以高维视角结合机器学习进行探讨研究。

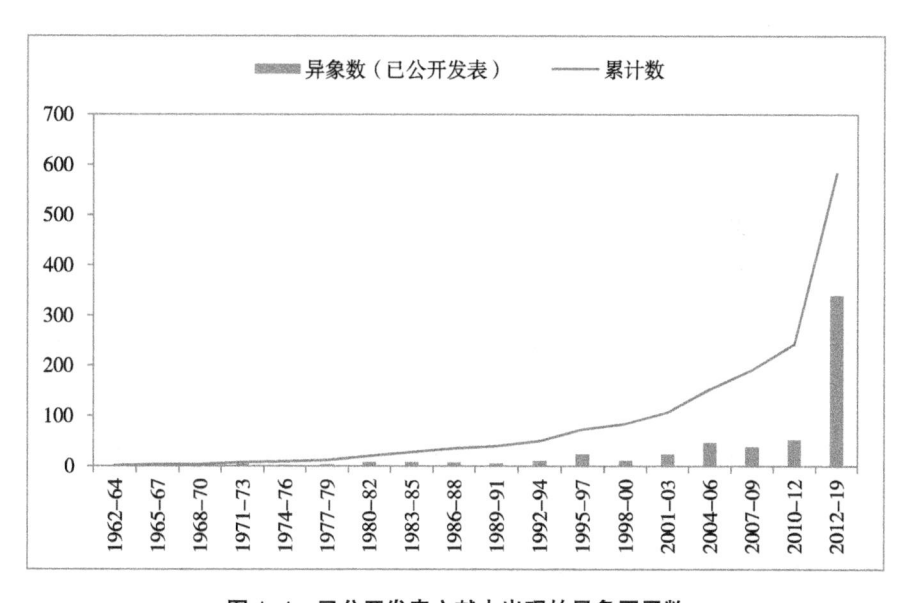

图 1-1 已公开发表文献中出现的异象因子数

不只是学术研究，现实世界中的投资者在进行资产配置决策时同样面临高维数据问题。理性的投资者基于资产价格进行投资，资产价格反映了投资者对未来资产收益的预期。近年来，随着新媒体的快速发展，投资者面临着如何从大量潜在预测变量中获取有效信息进行预测的困扰。现有的研究框架将投资者认知简单地设定为只包含少量参数的低维模型，并不能充分地反映当下的高维数据环境。

面对金融大数据带来的挑战，机器学习算法的改进和应用已成为近年来学术研究的热点。机器学习将训练数据输入计算机进行学习，并利用训练后的模型进行预测研究。例如，在图像识别中，通过将食物图像分为包含水果和不包含水果两类，算法在训练集中学习各图像像素与食物分类之间的关系。在完成训练后该算法就可以用来预测尚未进行分类的图像中是否包含水果。机器学习模型在训练过程中可以有效处理高维数据，避免传统回归模型如最小二乘回归（OLS）等统计工具的过拟合问题。

虽然机器学习在诸多工程领域中表现优异，但其在金融市场的应用并不能通过简单的移植来完成。其主要原因在于金融数据自身特有的性质。首先是信噪比问题，由于存在巨大的市场噪声，金融数据的信噪比往往较低，此外有效市场假说理论表明一个完全有效的市场是无法利用过往信息获取超额收益的，虽然现实中并不存在这样一个完美市场，但市场交易者套利行为的存在的确会消化大部分有效信息，降低历史数据的有效性。由此带来的另一个问题是市场结构的周期变化，新信息的不断构建和消化带来了定价模型的动态变化，正如一张随时变化的"脸"使得面部识别不再有效一样，这种波动使得模型预测变得复杂和困难。

金融数据的第二个特点在于其较短的样本量。现代化股票市场成立不过百年，相比其他人工智能项目，更多新金融数据的获取只能依靠时间的推移产生。而相比结构化面板数据，非结构化的新兴媒体数据诞生的时间更晚，受限的数据量约束了模型的估计和验证过程。

机器学习的可解释性研究同样十分必要。一些机器学习模型为典型的"黑箱"结构，虽然拥有优异的预测和分类能力，但理论解释却十分匮乏。而对于金融市场的参与者来说，了解模型的传递机理是非常重要的。其意义在于：第一，可以了解模型定价机理；第二，在模型发生失效时可以及时做出调整。传统资产定价模型如 Fama-French 三因子模型认为超额回报可由市场资产组合、市值因子和账面市值比因子来解释，虽然对于不同市场具体选取的因子有所差异（如中国市场中使用市盈率作为价值因子似乎更为合适），但整体上模型为我们提供了清晰的风险传导框架。基于大数据的机器学习模型直观上缺少解释，限制了模型的泛化和改进。

在解决"移植"问题后，机器学习可以为资产定价提供丰富的算法支持。虽然这些方法的理论结构在统计学中早已构建，但得益于大数据的产生，使得模型的广泛应用成为可能。通过大量的真实场景的分析和模型调整，机器学习在实证方面得到了长足的发展，并完成了诸多"智能"的应用。通过将成熟的模型应用到资产定价领域，我们可以分析大量预测变量的联合作用。一个典型的例子如 Gu et al.（2020）研究了使用包括 LASSO、Ridge、ENet、PCA、PLS、随机森林以及神经网络模型等机器学习算法在资产收益预测方面的表现，并发现非线性模型如神经网络的横截面收益率预测力要显著优于线性回归模型，而整体上机器学习模型能够带来显著的经济收益提升。

中国股票市场具有鲜明的发展特点，其资产定价模型及理论分析不同于海外成熟市场。随着中国经济的飞速增长，A 股市场已成为全球第二大股票市场。在为国内企业提供直接融资的同时，A 股市场也逐步受到了海内外投资者的高度关注。考虑到中国股市与国外成熟市场在经济环境、监管政策、交易制度等各方面的差异，其资产定价逻辑也有别于海外市场。如 Fama-French 三因子模型等传统多因子模型被发现在中国市场存在定价偏误（赵胜民等，2016），而 Liu et al.（2019）以及 Hu et al.（2019）同样发现了相比账面市值比因子，盈利价格比因子更适用于中国股市资产定价模型。定价模型的差异揭示了国内特有的市场风格，突出了针对中国股市资产定价研究的意义。

综合上述分析，资产定价研究正在面临大数据时代带来的新挑战，大量携带定价信息的异象因子的发现以及传统定价模型函数形式的局限，引发了学术界对于在实证资产定价中引入机器学习的讨论。本书在此研究背景下，首先探讨了机器学习在股票市场可预测研究中的表现，其次以市场风险测度为例研究了机器学习在解答传统金融学问题上的实证能力，最后针对上述提到的机器学习可解释性问题结合实证结果给出了部分探索性解答。

第二节　研究内容和方法

一、研究内容

基于上述研究背景，本书共分为七章并展开探讨，其中第一章为绪论，第二章为文献综述和理论结构介绍，主要对传统资产定价理论进行了回顾，梳理了机器学习在当前大数据背景下的理论研究背景和实证成果。第三章为数据构建及机器学习模型设定，主要介绍了本书要使用的四类机器学习模型和企业特征数据集以及宏观指标数据集。第四、五、六章为本书主要的实证分析章节，各章节间呈现递进关系。首先，第四章使用样本内数据构建了动态定价模型，对中国市场上存在的风险收益不对称这一问题进行了"解释"研究；其次，在第五章将研究进一步扩展到样本外，研究了模型对于收益的"预测"性，重点比较了线性模型和非线性模型在个股和组合上的表现，突出了非线性尤其是深度学习模型的优势；最后，第六章基于上述章节的实证结果，对机器学习背后的经济理论机制进行了探讨。第七章对全书进行总结，结合书中不足和已有研究，对未来进一步的研究进行展望。其中，第四、五、六章主要研究内容如下。

第四章，使用机器学习模型构建了智能动态 CAPM 模型，对中国 A

股市场的系统性风险进行了测度和解释。传统动态 CAPM 模型通常基于简单线性回归进行时变贝塔建模，面对高维大数据时容易陷入过度拟合和维度陷阱，造成模型精度下降和解释能力不足。基于上述不足使用包括主成分回归、偏最小二乘回归、弹性网络和随机森林等机器学习算法结合 666 个宏微观大数据进行系统性风险建模，充分挖掘大数据蕴藏的预测信息，更灵活、更智能地测度我国股票市场系统性风险。在模型构建过程中强调了复杂数据和算法的可解释性，同时给出经济学解释。

第五章，基于机器学习探索了中国股票市场收益的可预测性。使用包括 LASSO、岭回归、弹性网络、主成分分析、偏最小二乘、随机森林、增强梯度回归树、神经网络等各类机器学习模型并结合中国 A 股市场收益和特征大数据进行多因子模型建模和收益预测。通过比较不同模型间的预测精度，发现非线性模型相比线性模型具有更好的预测能力，其主要原因在于变量间的非线性信息同样具有定价能力。而在非线性模型中，生成式对抗模型表现最好，高于简单的神经网络和循环神经网络模型，其特有的动态调节使得模型在市场高波动情况下相对更为稳定。本章同时从组合视角考量了上述各类机器学习模型的表现，发现各类机器学习算法在"择时"能力上有所不同，而其中非线性模型具有更好的时序预测能力；同时本章基于各股预测数据构建了等权重和流通市值加权的两类投资组合，并发现相比简单的线性回归模型，各类机器学习算法均可以获得较高的多空组合超额收益和夏普比率，且组合超额收益在传统 Fama-French 五因子模型下仍然显著。

第六章，基于实证结果研究了机器学习背后的可解释性和经济机制。基于上述得到的实证结论，本章从经济学视角考察了机器学习的一些特征。首先，给出经济重要度的概念。在考虑交易摩擦时很多投资组合的收益会显著降低，因此引入换手率和手续费的概念来分析基于机器学习构建的多空投资组合超额收益的变化，相比线性模型，非线性模型的组合结果在经济重要度上仍然显著。其次,考虑了因子重要度。不同的因子对于资产定价的权重不同,通过对其排序发现了影响我国股票市场的几大重要特征主要为动量和基本面特征。进一步使用条件双排序组合法研究深度学习模型对于不同微观特征股票是否具有同样的预测能力,并发现模型对高流动性和低波动率的股票预测性更好。最后,为了更深入地理解模型与宏观经济、市场状态之间的关联,构建了以宏观指标为虚拟变量的回归模型,发现模型在不同经济周期其定价能力有显著的不同,我们从外围经济环境角度给出了具体解释。

二、研究方法

(一)定性分析与定量分析相结合,定性为先定量为后

实证分析往往以现实为基础,根据现实中已发生的事件进行建模研究,由简单的定性分析(整体走向)到基于各类计量模型的定量分析(敏感度分析),再反证事件,整体到细节,定性到定量。多因子模型通过引入更多的特征变量理应获得更高的定价能力,而通过使用机器学习可以避免传统模型在处理高维信息时遇到的各类问题。基于上述出发点,本书使用了可行的金融数据和算法模型来验证中国股票市场中使用机器学习的可行性,并通过构建预测精度指标和投资组合来定量分析各类机器学习模型的具体表现,在经济性解释方面本书同时使用了量化的因子重要度和宏观经济周期指标来进一步对模型预测结果进行解释说明。同时,考虑到更高的定价能力对市场异象具有更好的解释力这一定性理解,使用机器学习结合大数据构建动态资本资产定价模型来分析中国股票市场异象,并给出定量的模型解释。

（二）理论分析与实证分析相结合，理论实证相互论证

在理论模型的基础上进行实证分析，再由实证检验理论。本书首先在文献综述章节介绍了机器学习与资产定价结合的理论背景，并在模型介绍章节给出各类机器学习算法理论框架和参数说明，以此作为后续实证资产定价的理论依托。通过对模型每个参数的作用分析并在实证中进行调整，一方面可以完善模型结构，提升模型表现；另一方面通过动态调整发现在模型中起重要作用的变量及其背后的经济机制。本书实证研究揭示了中国市场资产的收益来源和其变化特征，反过来促进了资产定价理论在中国市场的发展。

（三）借助大数据与人工智能技术，先进技术辅助金融研究

大数据分析与人工智能技术在许多领域得到了应用，政府也从多个角度多次阐述了人工智能对未来经济发展和结构改革提升的重要性。因此，在金融市场中如何运用新的人工智能技术进行预测和数据分析已经成为迫在眉睫的需求。本书从人工智能视角重新审视资本市场的收益和风险来源，相比传统研究视角，具有更广泛和客观的特性优势。同时本书相关分析均基于数据基础，规避了主观臆断以及数据过度挖掘等偏误。

在模型理论框架构建方面，机器学习已经广泛应用在各行各业，而本书针对其在资本市场尤其是资产定价领域的使用给出了解释和应用说明。通常来说，模型复杂度和其样本外预测能力存在一定的矛盾，更复杂的模型拟合能力更好，但同时面临过拟合的情况，本书基于模型的理论框架给出针对中国股市适用的机器学习算法，包括了模型参数选取和设定等。

在实证研究方法方面，本书第三章介绍了各类机器学习算法，同时包括了对金融数据进行预处理的方法；在第四章市场异象分析中使用了

动态资本资产定价模型，而在研究贝塔异象中使用了Fama-Macbeth的横截面分析方法；第五章在进行股市的定价预测研究中使用了四类机器学习模型，在模型比较中使用了Diebold-Mariano预测精度比较法，在投资组合分析中使用了包括等权重和流通市值加权的组合构建方法，同时针对模型在"择时"和"择股"上的表现进行了对应的实证建模；第六章在经济机制分析中通过构建换手率和交易摩擦分析了模型的经济重要度，接着构建因子重要度指标对影响资产定价的重要因子进行了排序。后续的宏观和微观分析中，使用了条件双排序和宏观周期虚拟变量的方法。

第三节　研究意义及创新

一、研究意义

资产定价研究本身在强化市场认知中具有重要作用，从投资者角度，合适的定价预测模型有利于构建有效的投资组合；针对企业管理者，企业市值管理及再融资需要合理的资产定价模型支撑；而对监管层来说，及时有效的风险测度是构建金融安全的核心。本书对于资产定价研究的意义主要体现在理论和实证等方面。

（一）理论意义

本书的理论意义可以从两个方面进行阐述。

第一，本书使用的基于机器学习的多因子模型拓宽了传统因子模型的函数形式和应用边际。本书使用机器学习结合大数据对传统因子模型做出改进和革新，主要包括：（1）基于数据的因子筛选过程。市场的动态波动使得定价模型的有效性发生变化，通过机器学习选择合适的定价因子可以有效地规避主观选择的内生问题，同时提升模型的预测能力。具体来说，本书选取的各类机器学习算法可以对因子的重要度进行排序，高重要度的因子对于定价和预测具有显著的影响，基于此构建的动态因子模型具有较高的信噪比和定价能力。（2）通过使用非线性模型，突破了传统模型线性范式的约束，考虑了因子间的非线性关系，提升了模型的预测能力。本书使用的非线性模型包括了树形模型和神经网络模型，两类模型在人工智能领域均有着广泛应用并在数据拟合和预测中表现优异。金融数据间的非线性关系在传统模型中并未受到重视，如 Fama-French 模型等通过分位点划分投资组合的过程虽部分反映了非线性，但形式比较单一。近年的一些定价研究发现使用机器学习模型可以更好地提取这类信息，从而拓展定价模型的函数范式。（3）对于大数据的良好处理特性使得机器学习成为今后资产定价研究不可或缺的一部分。高维金融数据的出现使传统模型面临窘境，多重共线性和过拟合的问题在金融数据中尤其明显。基于稀疏性的认知，在处理金融数据时需要降维来获得满意的信噪比数据，机器学习的引入在解决上述问题的同时为未来数据的发展和应用提供了工具基础，不管是数据的预处理还是后续的经济性分析，机器学习均有其合适的应用场景。

第二，本书研究了机器学习实证结果背后的经济机制，这在以往文献中少有提及。人工智能领域存在普遍的"黑箱"困扰，以神经网络模型为例，在大部分情况下，输出变量对输入变量的依赖关系都是非线性函数的关系，函数表达式往往很复杂，所以无法直观地看出某个输入变量对输出变量的贡献率，而随着模型规模增大，非线性函数的复杂度急剧增大，使得最终的模型拆解和分析变得难以实现。模型的可解释性在某些领域并非必需的，如一些现实产品的分类和识别问题。但对金融领域而言，对于数据和模型的认知是必不可少的。一方面，在于金融类问题需要构建严密的逻辑回路，以求做到"自圆其说"；另一方面，在资产定价领域，对于预测模型的理解可以方便后续模型的调整和重新构建。近年来的机器学习文献中对于模型经济性的讨论开始逐步加深，但仍处在初期阶段。本书对于经济性的讨论弥补了以往文献的理论缺口，做出了重要的贡献。数字化时代，市场交易者由传统的理性和非理性的划分进化为使用大数据和不使用大数据两个类别，传统资产定价理论并没有涉及大数据假设，而将这一设定加入定价模型更符合未来资本市场的实际情况。

（二）方法论和实证意义

本书在资产定价实证领域亦做出贡献。

首先，体现在数据构建方面。在构建本书使用的大数据库时，一方面，我们结合了中国股票市场收益数据和企业的基本面数据，按照惯性、价值与增长、投资、盈利、无形资产与交易摩擦等6大类指标构建了企业的基本面特征因子；另一方面，考虑到宏观环境对于定价模型的影响，我们构建了包括通胀率、货币发行量等多个宏观指标。而在面板数据处理和划分过程中，本书采用了针对中国股票市场数据特性的处理方式，如考虑到"借壳"偏误，我们将国内小市值股票剔除出训练样本集；再如为了规避前视偏误（look ahead bias），采用滞后期的方式构建基本面因子等，使得后续的模型训练更为有效。

其次，本书对机器学习尤其是深度学习算法进行了创新改进。在上述宏微观大数据的基础上，本书使用包括主成分回归、偏最小二乘回归、弹性网络和随机森林等多种机器学习算法进行数据降维、变量选择和非线性建模，并构建定价模型。其中本书首次将生成式对抗网络模型GAN应用于中国股票市场。相比国外成熟市场，中国股票市场散户参与度较高，市场波动性更大，把握市场的动态变化需要更"快"且精确的模型学习能力，GAN模型特有的判别器系统带来更为动态的模型适应性，在面对新一期的样本数据时，不仅通过生成器中的记忆单元保留了时序数据的趋势项，同时通过判别器进一步过滤噪声信息。本书发现新模型在不同样本期具有更高的预测能力，且随着训练集的加长模型优势变得更大。

再次，本书拓展了基于机器学习的资产定价模型预测判别基准。本书设定了模型评价指标用于模型比较和预测分析，兼顾了模型的统计学和经济学显著性，如构建按照预测收益排序的多空投资组合并计算其夏普比率，以期反映模型在真实投资时的效果。再如，在投资组合分析过程中考虑了择时和择股对于组合收益的影响，凸显了不同模型在应用过程中的不同侧重。

最后，本书以低风险定价之谜为例进行了中国股票市场系统性风险测度研究，在系统风险测度和市场异象解释方面做出了贡献。本书使用机器学习算法结合大数据构建了动态的 β 值，重新度量了股票的系统性风险特征，成功减弱了低风险定价之谜，并发现中国市场中收益水平变动风险是导致异象产生的主要原因。本书构建的风险测度模型同样可以解决或部分解决目前仍存在的其他各类市场异象。

（三）社会经济意义

本书同时具有一定的社会经济价值，即推动了金融与大数据和人工智能交叉融合领域的研究进展。大数据和人工智能技术正在深刻改变世界尤其是金融市场，国务院和教育部也下发了《国务院关于印发促进大数据发展行动纲要的通知》（国发〔2015〕50号）、《国务院关于印发新一代人工智能发展规划的通知》（国发〔2017〕35号）和《高等学校人工智能创新行动计划》（教技〔2018〕3号），大力推广大数据和人工智能技术的研究应用。本书的社会经济价值还在于为维护金融稳定和防范化解系统性金融风险这一国家大局提供了政策指导。党的十九大报告指出"加快完善社会主义市场经济体制，健全金融监管体系，守住不发生系统性金融风险的底线"。强调金融是国家重要的核心竞争力之一，金融安全是国家安全重要组成部分，因此防范和化解金融风险，为实体经济发展提供更高质量、更有效率的服务，是当前关乎国家安全的重要任务。

二、研究创新

本书的创新处主要为通过将机器学习引入实证资产定价研究中，研究其对于中国股票市场解释与预测能力，并在此基础上进一步探讨了其经济学机制。基于章节顺序具体上可以分为以下四个创新点：（1）在大数据环境下使用机器学习对股票资产进行了定价研究，提升和丰富了机器学习在中国股票市场的理论和实证探索；（2）利用机器学习与动态资产定价模型相结合，将研究聚焦到系统性风险测度领域，并对贝塔异象进行了解释；（3）在对比多个线性和非线性模型的预测性能后，创新性地构建了针对中国市场的生成式对抗网络模型算法，取得了高于其他模型的性能表现；（4）基于实证结果进行了机器学习背后的经济机制分析，包括微观和宏观视角。详细叙述如下。

（一）丰富了大数据视角下的资产定价理论和实证研究

本书的整体贡献体现在将机器学习应用到中国股票市场并进行资产定价研究和投资组合构建分析，并在此基础上进行了风险测度问题的探讨。机器学习以及大数据是近年来的研究热点，金融行业由于其自身的特质具有大规模的数据采样基础，同时单个信息束信噪比低下的问题使得机器学习模型的引入成为必要。事实上国外文献中已涌现出众多相关研究课题，但针对中国市场的研究仍处在萌芽阶段。本书以中国股票市场数据为基础，构建了74个企业特征指标和8个宏观环境指标，使用具有代表意义的几类机器学习模型进行了资产定价领域的探索，发现了一些具有中国特色的定价模型和经济解释。

（二）针对中国股票市场风险收益不对称问题，使用机器学习进行了系统性风险测度

本书在实证分析中首先利用机器学习讨论了中国股市系统性风险的测度问题，并构建了动态 CAPM 模型来对市场贝塔异象进行分析和解释①，具体包括以下三大学术贡献。

（1）本书指出，我国股市时变系统性风险不仅受到宏观经济的影响，同时还受到微观企业经营状况的影响。比如，宏观经济下行会导致股市系统性风险上升，而其中具有低市值、高波动和高杠杆率等微观企业特征的股票的系统性风险可能会升高更多。因此，呼应金融大数据的飞速发展，本书构建了包括 74 个微观企业特征和 8 个宏观经济指标在内的共 666 个宏微观混合大数据集，并利用宏微观大数据进行股票系统性风险测度。本书在数据维度和颗粒精度上较现有文献均有了大幅提升，从而可以更准确、更全面地衡量我国不同股票在不同时期的时变风险特征。

（2）本书应用人工智能和机器学习算法开展股票系统性风险建模并构建了智能动态 CAPM 模型。传统动态 CAPM 模型通常基于简单线性回归进行时变贝塔建模，面对高维大数据时容易陷入过度拟合和维度陷阱，同时在复杂数据分析上忽视了因子结构、稀疏性和非线性等重要信息，造成模型精度下降和解释能力不足。本书使用前沿的机器学习算法改进股票时变贝塔建模，能充分挖掘大数据蕴藏的预测信息，从而可以更灵活、更智能地测度我国股票市场系统性风险。

（3）高风险低收益的低风险定价异象给传统资产定价模型带来极大的挑战，主流文献多使用行为金融和有限套利理论来解释这一异象。本

---

① 相关研究已发表于《管理科学学报》，详见本人在读期间科研成果章节。

书使用机器学习从时变风险角度解释了低风险定价异象，提升了我国股市的有效性，同时也为其他市场异象的研究提供了指导。

（三）对比了各类机器学习算法的预测能力，针对中国市场特征构建了更为有效的深度学习定价模型

在资产定价的预测性研究方面，通过比较各类模型，本书提出了生成式对抗这一深度学习网络模型 GAN，作为率先将模型进行改进并进行实证应用的创新研究[①]，本书提出的 GAN 模型在架构上具有如下三个特点。

（1）更有效的特征提取和对非线性信息的利用。传统线性模型忽视了金融大数据内在的潜在信息因子、稀疏性和非线性等数据性质。本书在构建股票特征大数据的基础上，使用了 GAN 模型对中国股票市场进行非线性信息特征的提取和分析。实证结果相比线性模型有了显著的提升，表明了我国股票市场中上市公司数据的非线性特征包含有重要的预测信息。

（2）对于时序数据的有效处理。本书在构建 GAN 模型时，使用了更适合时序数据处理的长短期记忆网络模型（Long Short term Memory，LSTM），LSTM 模型作为循环神经网络（Recurrent Neural Network，RNN）的改进，弥补了 RNN 模型在处理数据时"短时记忆"的问题，在对时序数据的处理中有着天然的优势。金融数据长期存在自相关特性，资产定价领域中动量效应（Momentum effect）更是作为经典的异象因子被广泛使用，LSTM 通过记忆单元保留有效信息，并通过遗忘单元过滤掉"噪声"信息，针对不同的资产类型匹配不同的记忆长度，而普通 RNN 模型无法保留长期的数据记忆。针对中国股票市场数据本书在上述基础上进行模型框架优化并给出相关参数设置，对后续 LSTM 模型在金融市场的应用研

---

① 相关研究已发表于《经济学》（季刊），详见本人在读期间科研成果章节。

究提供了参考。

（3）更"人工"与"智能"的预测模型。不同于传统神经网络模型优化过程中单纯地使用梯度下降的方式，生成式对抗网络引入了"博弈"的过程，生成模块得到预测数据后，判别器将其与真实数据进行比对分类，评估并否定其预测结果，最终的优化结果要求生成器生成的数据骗过判别器以达到以假乱真的程度。经济学中完全竞争市场具有最优效率，而通过引入判别器这一"竞争"者，生成式对抗模型在结构上优于单一的预测模型。

（四）从微观和宏观视角挖掘了机器学习背后的经济机制，提升了模型的可解释性

基于实证结果，本书在第六章以生成式对抗网络为例探讨了机器学习背后的可解释性问题，主要分为微观和宏观两个角度。

（1）微观上，考虑到交易摩擦对于组合收益的影响，本书引入了交易费用并计算了各类机器学习算法的平均换手率，并发现虽然大部分组合的月度换手率超过了100%，但在考虑交易费用后，非线性模型多空组合仍可以获得超额收益，因此在实际中使用非线性模型尤其是深度学习模型进行投资交易是有效的；在定价逻辑传导方面，本书通过考察因子重要度，分析了对于中国股票市场具有定价能力的决定性特征，并发现有别于国外股票市场的特征结构，推动了国内市场的资产定价分析研究。

此外，为了查证模型在不同样本下的表现，同时也是为了探究深度学习对于样本的分析能力，本书基于错误定价理论研究了交易摩擦、流动性、波动性三类常见的错误定价特征下的模型组合收益情况，发现生成式对抗网络模型相比其他模型的超额收益主要来源于对更多基本面关联信息的有效提取，不仅表明了基本面对于提升定价的重要作用，也证实了特征间的非线性关系可以带来有效的超额信息。

（2）宏观上，基于众多学者发现的因子收益随经济周期的波动变化现象，本书构建了宏观指标虚拟变量模型来考察深度学习模型在不同经济环境下的收益情况，发现模型在经济活跃但相对不过热的情况下定价能力最高，此时也是市场相对理性的时间区间，企业基本面对于企业盈利的指引作用较好，这一研究也佐证了我们在微观层面的研究结果。

整体上本书的创新贡献环环相扣，以机器学习的实证资产定价研究为基础，进而拓展到对传统问题的创新探索（风险测度）和算法的创新（生成式对抗网络模型），此外在对金融理论的推动上，本书在第二章阐述了传统资产定价模型在面对大数据时的窘境和机器学习可以带来的突破，并以此为框架在第六章创新性地提出了机器学习模型背后的经济学机制，并从中体现了中国金融市场的独特性，为后续学者研究提供了全新的视角。

第四节　本书结构

本书结构流程框架，见图1-2。其中承载主要研究内容的为第四、五、六章，第二章为文献综述和开展本书研究的理论背景探讨，第三章介绍了使用的模型和数据，第四章和第五章从样本内解释到样本外预测，为实证研究章，第六章为基于上述实证结果的经济机制分析章，第七章为全书总结章。

第一章 绪论

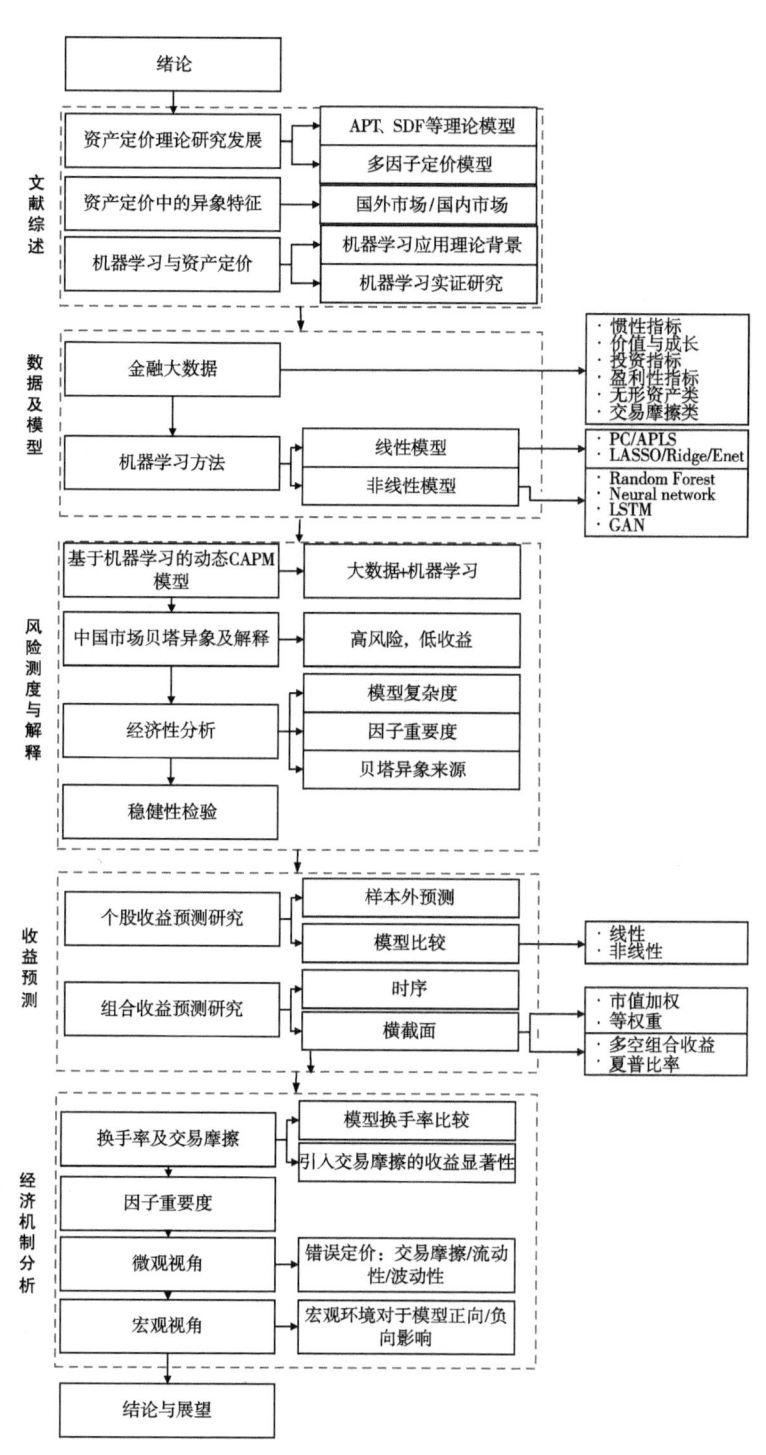

```
                    ┌─────────┐
                    │  绪论   │
                    └────┬────┘
                         │
┌──────┬─────────────────┼─────────────────────────┐
│      │  资产定价理论研究发展 ──→ APT、SDF等理论模型   │
│ 文献 │                         多因子定价模型       │
│ 综述 │  资产定价中的异象特征 ──→ 国外市场/国内市场    │
│      │  机器学习与资产定价  ──→ 机器学习应用理论背景 │
│      │                         机器学习实证研究     │
└──────┴─────────────────┬─────────────────────────┘
                         │                          · 惯性指标
┌──────┬─────────────────┼──────────────────┐       · 价值与成长
│ 数据 │    金融大数据    ────────────────→         · 投资指标
│  及  │                                            · 盈利性指标
│ 模型 │                                            · 无形资产类
│      │                                            · 交易摩擦类
│      │   机器学习方法   ──→ 线性模型       ──→   · PC/APLS
│      │                     非线性模型             · LASSO/Ridge/Enet
│      │                                            · Random Forest
│      │                                            · Neural network
│      │                                            · LSTM
│      │                                            · GAN
└──────┴─────────────────┬─────────────────────────┘
                         │
┌──────┬─────────────────┼─────────────────────────┐
│      │ 基于机器学习的动态CAPM ──→ 大数据+机器学习   │
│ 风险 │        模型                                 │
│ 测度 │ 中国市场贝塔异象及解释 ──→ 高风险, 低收益    │
│  与  │                            模型复杂度       │
│ 解释 │    经济性分析       ──→   因子重要度        │
│      │                            贝塔异象来源     │
│      │    稳健性检验                               │
└──────┴─────────────────┬─────────────────────────┘
                         │
┌──────┬─────────────────┼─────────────────────────┐
│ 收益 │ 个股收益预测研究 ──→ 样本外预测             │
│ 预测 │                     模型比较       ──→ · 线性
│      │                                          · 非线性
│      │ 组合收益预测研究 ──→ 时序                  · 市值加权
│      │                     横截面         ──→ · 等权重
│      │                                          · 多空组合收益
│      │                                          · 夏普比率
└──────┴─────────────────┬─────────────────────────┘
                         │
┌──────┬─────────────────┼─────────────────────────┐
│      │ 换手率及交易摩擦 ──→ 模型换手率比较          │
│ 经济 │                     引入交易摩擦的收益显著性 │
│ 机制 │    因子重要度                               │
│ 分析 │     微观视角     ──→ 错误定价：交易摩擦/流动 │
│      │                     性/波动性               │
│      │     宏观视角     ──→ 宏观环境对于模型正向/负 │
│      │                     向影响                  │
└──────┴─────────────────┬─────────────────────────┘
                         │
                    ┌────┴────┐
                    │结论与展望│
                    └─────────┘
```

图 1-2 本书结构流程框架

第二章　文献综述

本章主要回顾了资产定价理论模型发展历程和其结合机器学习在大数据背景下的应用研究。首先，在第一节模型综述方面，讨论了资产定价领域的基石模型，包括资本资产定价模型、套利定价理论和基于消费资本资产定价理论的随机贴现因子模型等。其次，基于上述理论框架介绍了目前学术研究中常见的 7 类多因子定价模型，即 Fama-French 三因子模型、Carhart 四因子模型、Novy-Marx 四因子模型、Fama-French 五因子模型、Hou-Xue-Zhang 四因子模型、Stambaugh-Yuan 四因子模型和 CH-3 因子模型，并论述了每类模型中因子构建的方法和金融理论背景。最后讨论了动态定价模型的相关研究应用。

本章第二节对上述传统定价模型无法解释的收益异象展开综述，分为国外市场和国内市场两部分。国外市场部分，结合 Hou et al.（2019）研究讨论了目前可以解释股票市场横截面收益的 6 大类因子包括估值与成长、投资、盈利、惯性、交易摩擦和无形资产；国内市场部分，讨论了国内学者针对中国股票市场提出的异象特征。大量异象的发现构建了金融大数据这一客观环境，同时也为机器学习的引入创造了条件。

本章第三节重点探讨了大数据环境下机器学习与资产定价的结合研究。首先分析了机器学习应用于资产定价的理论背景和必要性，其次介绍了近年来机器学习在资产定价领域应用的实证文献，包括定价模型重构、收益预测分析和经济机制研究等方面。

第一节　资产定价的理论模型发展历程

资产定价理论的发展伴随着资产定价模型的不断成熟，从 Markowitz（1952）的均值-方差投资组合理论到 Sharpe（1964）的资本资产定价模型（Capital Asset Pricing Model，CAPM），资产收益被解释为对于系统风险的补偿。此后 Merton（1973）提出的 Intertemporal CAPM（ICAPM）和 Ross（1976）提出的套利定价理论（Arbitrage Pricing Theory，APT）在 CAPM 的基础上进行了扩展并在模型中引入了更多的定价信息。之后 Lucas（1978）提出了通过消费投资行为分析资产价格的消费资本资产定价模型（Consumption-based CAPM，CCAPM）。

一、资本资产定价模型与套利定价理论

资本资产定价模型 CAPM 认为资产的预期收益率等于资产对市场风险暴露的补偿：

$$R_i - R_f = \beta_i(R_M - R_f) \quad (2.1)$$

其中 R_M 是市场组合的收益率，β_i 反映了资产收益率对市场收益率的敏感程度。CAPM 模型揭示了资产收益的来源，即市场风险暴露越大的资产需要更高的风险收益补偿。

CAPM 模型考虑了资产的市场风险暴露，后续的诸多研究发现影响资产价格的因素很多，如套利定价理论 APT 模型等。APT 模型是 CAPM 模型的拓展，两者均为均衡模型，不同的是 APT 模型认为风险资产的均衡价格与多个因素相关，而 CAPM 模型只考虑了市场组合因子。

APT 模型的基本机制在于认为在均衡市场上，两种性质相同的资产不能以不同的价格出售，即如果存在价格不一致，投资者可以通过买入

价低者卖出价高者实现无风险套利。而在套利这一市场行为的作用下，资产价格最终将达到一个均衡状态。基于 APT 理论的资产定价模型推导如下：首先假设资产的收益率满足如下的线性模型：

$$R_i = \mu_i + \beta_i f + \varepsilon_i \tag{2.2}$$

其中 R_i 是资产收益率，μ_i 是资产 i 的预期收益率，β_i 是资产在因子上的暴露，ε_i 是资产 i 收益率中的随机扰动。多个资产构建的套利组合收益可表示为公式（2.2）的向量形式：

$$R = \mu + f\beta + \varepsilon \tag{2.3}$$

假定该套利组合中资产的权重 ω 满足下列特性。首先，该投资组合为零额投资（zero-cost）：

$$\omega' \iota = 0 \tag{2.4}$$

式（2.4）中 ι 为全 1 向量。则该套利组合的收益率 R_a 为：

$$R_a = \omega' R = \omega' \mu + \omega' \beta f + \omega' \varepsilon \tag{2.5}$$

此外 ω 还满足套利组合在该因子上的暴露为零：

$$\omega' \beta = 0 \tag{2.6}$$

将式（2.6）代入投资组合收益率 R_a 的表达式中，则对于这个特殊的套利组合，R_a 的表达式可化简为：

$$R_a = \omega' R = \omega' \mu \tag{2.7}$$

由于构建的投资组合为零额投资，且对因子的暴露为零，即这样一个套利组合成本为零且又没有风险暴露，根据无套利约束条件组合的收益率一定为零，即：

$$R_a = \omega' \mu = 0 \tag{2.8}$$

结合公式（2.4）、（2.6）和（2.8）得出资产的预期收益率向量 μ 可

以写成 ι 和 β 的线性加权：

$$\mu = \gamma_1 \iota + \gamma_2 \beta \qquad (2.9)$$

公式（2.9）表达了基于套利理论，任意资产收益均可表示为其对各类因子的风险暴露补偿。而当我们设定 γ_1 和 γ_2 为无风险资产 R_f 和市场组合 R_m 时，由于无风险资产的因子暴露为零：

$$\gamma_1 = R_f \qquad (2.10)$$

则可得到只包含市场组合因子的 CAPM 模型：

$$\mu_i = R_f + \beta_i(R_m - R_f) \qquad (2.11)$$

二、随机贴现因子理论

CAPM 和 APT 模型均是从市场均衡角度出发研究资产间的相关性。Lucas（1978）提出的消费资本资产定价模型 CCAPM 则是从代表性消费者的跨期消费优化问题出发，假定理性消费者只消费一种产品，并追求一生的效用最大化，则跨期效用模型可表示如下：

$$\max_{(\xi)} \mu(c_t) + E_t\left[\beta\mu(c_{t+1})\right] \qquad (2.12)$$

$$s.t. c_t = e_t - p_t\xi,$$

$$c_{t+1} = e_{t+1} + x_{t+1}\xi.$$

其中 μ 为消费者的效用函数，β 为贴现因子，c_t 和 c_{t+1} 为当期和下期消费，e_t 和 e_{t+1} 为当期和下期禀赋，ξ 为消费者当期用于储蓄的资产量，p_t 和 x_{t+1} 为储蓄资产当期价格和下期收益。根据式（2.12）可以得到跨期效用最大化的一阶条件为：

$$p_t\mu'(c_t) = E_t\left[\beta\mu'(c_{t+1})\ x_{t+1}\right] \qquad (2.13)$$

$$p_t = E_t\left[\beta \frac{\mu'(c_{t+1})}{\mu'(c_t)} x_{t+1}\right] \quad (2.14)$$

令 $m_{t+1} = \beta \frac{\mu'(c_{t+1})}{\mu'(c_t)}$，$R_{t+1} = x_{t+1}/p_t$，则有

$$1 = E_t[m_{t+1} R_{t+1}] \quad (2.15)$$

式（2.15）通常被认为是 CCAPM 的基本表达式，其中 m_{t+1} 常常被定义为"定价核"（Pricing Kernel）或随机折现因子（SDF）。m_{t+1} 代表了消费者对在第 t 期进行储蓄投资并在未来将总投资收益用于消费时，所愿意接受的投资收益的倒数，也即对资产进行了定价。

进一步考察 SDF 的线性形式，将式（2.15）乘积期望展开为 m_{t+1} 和 R_{t+1} 的协方差和期望乘积之和：

$$1 = E_t[m_{t+1} R_{t+1}] = Cov_t(m_{t+1}, R_{t+1}) + E_t[m_{t+1}] E_t[R_{t+1}] \quad (2.16)$$

可得到资产收益的期望为：

$$E_t[R_{t+1}] = \frac{1}{E_t[m_{t+1}]} - \frac{Cov_t(m_{t+1}, R_{t+1})}{E_t[m_{t+1}]} \quad (2.17)$$

所有资产期望收益均满足上述公式，将特殊资产－无风险资产收益 R_f 代入，由于 R_f 与 m_{t+1} 无关即在各期均为固定值，则等式（2.17）中右边第二项为零：

$$E_t[R_f] = \frac{1}{E_t[m_{t+1}]} \quad (2.18)$$

将公式（2.18）代入公式（2.17）中得到资产收益与无风险资产收益 R_f 以及 m_{t+1} 的等式关系：

$$E_t[R_{t+1}] = R_f - \frac{Cov_t(m_{t+1}, R_{t+1})}{E_t[m_{t+1}]} \quad (2.19)$$

公式中 R_{t+1} 和 m_{t+1} 的相关性部分可拆分为两项：

$$E_t[R_{t+1}] = R_f - \frac{Cov_t(m_{t+1}, R_{t+1})}{Var_t[m_{t+1}]} \cdot \frac{Var_t[m_{t+1}]}{E_t[m_{t+1}]} \quad (2.20)$$

当 m_{t+1} 和因子 f 满足线性关系 $m = \alpha + bf$ 时，则上述等式中等价于因子模型；特别的，当因子 f 为市场组合因子时，等式（2.20）即为 CAPM 模型。

三、多因子定价模型

由上述分析可知，无论是 APT 模型还是 CCAPM 模型均可以推导出线性因子定价模型，同时由于单因子模型如 CAPM 模型在实证中被发现对资产截面收益率的特征事实解释能力有限，后续学者在其基础上提出了多因子定价模型：

$$E[R_i] = \alpha_i + \sum_{j=1}^{k} \beta_{i,j} f_j \qquad (2.21)$$

$E[R_i]$ 是资产的预期超额收益率，f_j 是因子 j 的收益率（因子溢价），$\beta_{i,j}$ 是资产 i 在各因子上的风险暴露，被称为因子载荷。资产对风险暴露的不同程度决定了资产间收益率的差异性。多因子模型已经成为目前实证资产定价领域主要研究范式。公式（2.21）中的 α_i 代表资产 i 不能由因子模型所解释的那部分收益，也被称为定价误差。

因子定价模型最主要贡献是认为因子载荷 β 是导致不同资产收益率在截面上存在差异的最主要原因。资产在某类风险暴露程度越明显，市场给予其收益补偿便越大。有效定价模型的基础是有效的定价因子，基于对有效因子的寻找，近年来学者们从传统金融或行为金融角度构建了多个多因子定价模型，有效缓解了单因子模型定价力不足的问题。每一类新因子模型的提出均具有严格的理论推导过程，本节重点介绍 7 类目前主流的多因子定价模型，并给出每类模型的因子构建过程和经济学机制。

（一）Fama-French 三因子模型

Fama and French（1993）在 CAPM 的基础上加入了价值（High-Minus-Low，HML）和规模（Small-Minus-Big，SMB）两因子，提出了 Fama-French 三因子模型：

$$E[R_i] = R_f + \beta_{i,1}(E[R_M] - R_f) + \beta_{i,2}E[R_{SMB}] + \beta_{i,3}E[R_{HML}] \quad (2.22)$$

式中 $E[R_i]$ 表示股票 i 的预期收益率，R_f 为无风险收益率，$E[R_M]$ 为市场组合预期收益率，$E[R_{SMB}]$ 和 $E[R_{HML}]$ 分别为规模因子（SMB）以及价值因子（HML）的预期收益率，$\beta_{i,1}$、$\beta_{i,2}$ 和 $\beta_{i,3}$ 为个股 i 在相应因子上的风险暴露。

在构建价值和规模因子时使用账面市值比 BM 和市值 Size 进行了 2×3 独立双重排序。其中市值分组以纽约证券交易所（NYSE）中上市公司的市值中位数为界，把 NYSE、纳斯达克（NASDAQ）以及美国证券交易所（AMEX）（以下简称"三大交易所"）的上市公司分成小市值（Small）和大市值（Big）两组；BM 分组同样以 NYSE 中上市公司 BM 的 30% 和 70% 分位数为界，把这三大交易所的上市公司分成三组：BM 高于 70% 分位数的为 High（H）组、BM 低于 30% 分位数的为 Low（L）组、位于中间的为 Middle（M）组。

通过以上划分后得到 6 个组，分别记为 S/H、S/M、S/L、B/H、B/M 以及 B/L，将每组中的股票收益率按市值加权得到 6 个组合收益，规模因子和价值因子的计算公式为：

$$SMB = \frac{1}{3}(S/H + S/M + S/L) - \frac{1}{3}(B/H + B/M + B/L) \quad (2.23)$$

$$HML = \frac{1}{2}(S/H + B/H) - \frac{1}{2}(S/L + B/L) \quad (2.24)$$

上述因子为年度更新，即在每年 6 月末，使用上一财年最新的财务数据对股票重新排序并对这两个因子进行再平衡。

（二）Carhart 四因子模型

Fama-French 三因子模型虽然有足够的开创性，但仍有很多其无法解释的异象。在众多异象中，最出名的当属动量异象。该异象最初由 Jegadeesh and Titman（1993）提出，文章使用 t-12 到 t-1 这 11 个月之间的总收益率将所有股票排序，并选择总收益率高的构建了赢家组合（Winner）、总收益率低的构建输家组合（Loser），并做多赢家做空输家构建多空投资组合获得超额收益。

以上述研究为基础，Carhart（1997）在 Fama-French 三因子模型中加入了截面动量因子（Momentum factor，MOM）并提出了 Carhart 四因子模型：

$$E[R_i] = R_f + \beta_{i,1}(E[R_M] - R_f) + \beta_{i,2}E[R_{SMB}] + \beta_{i,3}E[R_{HML}] + \beta_{i,4}E[R_{MOM}]$$
（2.25）

式（2.25）中 $E[R_{MOM}]$ 为动量因子的收益率，$\beta_{i,4}$ 为个股 i 在动量因子上的暴露。MOM 的具体构建为使用三大交易所的全部股票，在每月末将其按 t-12 到 t-1 这 11 个月的总收益率进行排序，并通过做多排名前 30% 同时做空排名后 30% 的股票计算多空组合收益。

（三）Novy-Marx 四因子模型

Novy-Marx（2013）提出了包含新的盈利因子的四因子模型：

$$E[R_i] = R_f + \beta_{i,1}(E[R_M] - R_f) + \beta_{i,2}E[R_{SMB}] + \beta_{i,3}E[R_{UMD}] + \beta_{i,4}E[R_{PMU}]$$
（2.26）

其中 $E[R_{PMU}]$ 是盈利因子 PMU（Profitability-Minus-Unprofitability）的预期收益率，$\beta_{i,4}$ 为个股 i 在该因子上的暴露。除盈利因子外，该模型还包括市场、价值（SMB）以及动量（UMD）因子。在构建盈利因子时，Novy-Marx（2013）参考了 Fama and French（1993）分别使用相

应的指标与市值进行双重排序法。以 NYSE 中上市公司的毛利润 GP 的 30% 和 70% 分位数为界，把三大交易所上市公司依据 GP 高低分为盈利（Profitability，即 GP 在 70% 分位数之上）、中性（Neutral，即 GP 介于 30% 和 70% 分位数之间）以及不盈利（Unprofitability，即 GP 在 30% 分位数之下）三组。结合市值指标可得到 6 个投资组合：S/P、S/N、S/U、B/P、B/N 以及 B/U。则盈利因子等于盈利组 S/P 和 B/P 与不盈利组 S/U 和 B/U 的收益率之差：

$$PMU = \frac{1}{2}(S/P + B/P) - \frac{1}{2}(S/U + B/U) \qquad (2.27)$$

此外，与 Fama-French 三因子以及 Carhart 四因子模型不同的是，Novy-Marx（2013）在构建因子时进行了行业中性处理，即在做多一只股票的同时按同等权重做空该股票所属的行业指数，从而得到行业中性化后的投资组合。

（四）Fama-French 五因子模型

2015 年，Fama and French 在他们三因子模型基础上添加了盈利因子和投资因子，提出了新的五因子模型：

$$E[R_i] = R_f + \beta_{i,1}(E[R_M] - R_f) + \beta_{i,2}E[R_{SMB}] + \beta_{i,3}E[R_{HML}] + \beta_{i,4}E[R_{RMW}] + \beta_{i,5}E[R_{CMA}] \qquad (2.28)$$

式中 $E[R_{RMW}]$ 和 $E[R_{CMA}]$ 分别为盈利和投资因子的预期收益率。该五因子模型背后的动机是股息贴现模型（Dividend Discount Model，DDM），在构建因子时，对于新加入的盈利和投资因子，依次使用净资产收益率 ROE 以及过去一年总资产变化率和市值进行 2×3 独立双重排序。

具体来说，首先以 NYSE 中上市公司的 ROE 的 30% 和 70% 分位数为界，把三大交易所上市公司依据 ROE 高低分为稳健（Robust，即 ROE 在 70% 分位数之上）、中性（Neutral，即 ROE 介于 30% 和 70% 分位数之间）以及疲软（Weak，即 ROE 在 30% 分位数之下）三组。这三组和市值高低独立排序共得到 6 个投资组合：S/R、S/N、S/W、B/R、B/N 以及 B/W，每个投资组合的收益率使用各组成分股收益率的市值加权得到。盈利因子等于稳健组 S/R 和 B/R 与疲软组 S/W 和 B/W 的收益率之差（Robust-Minus-Weak，RMW）：

$$RMW = \frac{1}{2}(S/R + B/R) - \frac{1}{2}(S/W + B/W) \quad (2.29)$$

类似的，对于投资因子，以 NYSE 中上市公司总资产变化率的 30% 和 70% 分位数为界，把三大交易所上市公司依据总资产变化率高低分为激进（Aggressive，即总资产变化率在 70% 分位数之上）、中性（Neutral，即总资产变化率介于 30% 和 70% 分位数之间）以及保守（Conservative，即总资产变化率在 30% 分位数之下）三组。用这三组和市值进行双重排序同样得到 6 个投资组合：S/A、S/N、S/C、B/A、B/N 以及 B/C。由于 Fama 认为预期投资和预期收益率负相关，因此使用保守组 S/C 和 B/C 与激进组 S/A 和 B/A 的收益率之差构建投资因子（Conservative-Minus-Aggressive，CMA）：

$$CMA = \frac{1}{2}(S/C + B/C) - \frac{1}{2}(S/A + B/A) \quad (2.30)$$

（五）Hou-Xue-Zhang 四因子模型

Hou et al.（2015）从实体投资经济学理论出发提出了一个四因子模型。该模型同样包含市场、规模、投资和盈利四因子：

$$E[R_i] = R_f + \beta_{i,1}(E[R_M] - R_f) + \beta_{i,2}E[R_{ME}] + \beta_{i,3}E[R_{I/A}] + \beta_{i,4}E[R_{ROE}] \quad (2.31)$$

式中 $E[R_{ME}]$、$E[R_{I/A}]$ 和 $E[R_{ROE}]$ 分别为规模、投资和盈利因子的预期收益。具体上，Hou et al.（2015）使用 ROE 和总资产变化率作为代表盈利和投资的指标。在构建因子时，为了体现上述条件预期收益率的关系，他们使用市值、单季度 ROE 和总资产变化率 I/A 进行 $2 \times 3 \times 3$ 独立三重排序，其中市值按 NYSE 中位数划分、ROE 和总资产变化率 I/A 按 NYSE 30% 和 70% 分位数进行划分，共得到 18 个投资组合，每个组合内的股票按照市值加权。规模因子为使用包含小市值的 9 个组合平均收益减去包含大市值的 9 个组合平均收益，盈利因子为包含高 ROE 的 6 个组合平均收益减去包含低 ROE 的 6 个组合平均收益，投资因子为包含低 I/A 的 6 个组合平均收益减去包含高 I/A 的 6 个组合平均收益。

（六）Stambaugh-Yuan 四因子模型

Stambaugh and Yuan（2017）在市场和规模因子的基础上，引入管理因子和表现因子，构建了四因子模型：

$$E[R_i] = R_f + \beta_{i,1}(E[R_M] - R_f) + \beta_{i,2}E[R_{SMB}] + \beta_{i,3}E[R_{MGMT}] + \beta_{i,4}E[R_{PEPF}] \tag{2.32}$$

式中 $E[R_{MGMT}]$ 和 $E[R_{PFPF}]$ 分别为管理和表现因子的预期收益率。两个因子基于作者前期一系列对于错误定价的研究论文进行构建。错误定价意味着价格较内在价值的偏离，当价格高于内在价值时资产被高估，当价格低于内在价值时资产被低估。被高估的资产在未来由于价格的修正会出现较低的收益率，反之被低估的资产在未来则会获得更高的收益率。

Stambaugh and Yuan（2017）以 11 个 FF3 因子模型无法解释的异象为基础，构建了错误定价指标。11 个异象根据它们之间的相关性分成两组，其中第一组包含股票净发行量、复合股权发行量、应计利润、净营业资产、总资产增长率以及投资与总资产之比 6 个异象；第二组包含另外 5 个异象，即财务困境、O- 分数、动量、毛利率以及总资产回报率。在每月末，对于这两组中的每一个异象，使用异象变量在截面上对股票排序。把两组内的 6 个和 5 个异象排名取平均，就得到每只股票在两组内各自的综合排名。综合排名越高，说明该股票价格越被高估，其未来预期收益越低；综合排名越低，说明该股票价格越被低估，其未来预期收益越高。接下来同样使用市值和这两个变量依次进行 2×3 双重排序，构建管理、表现以及市值三个因子。在使用市值排序时，该模型和其他多因子模型一致，使用 NYSE 包含股票的市值中位数将所有股票分为大、小市值两组。对于管理和表现这两个变量则是将三大交易所的股票混合在一起，使用所有股票在这两个变量上各自的 20% 和 80% 分位数划分成高、中、低三组。

以管理因子 MGMT 为例，通过与市值进行双重排序共得到 6 个投资组合，由于低组表示被低估的股票、高组表示被高估的股票，因此 MGMT 等于做多两个低组、做空两个高组的超额收益：

$$MGMT = \frac{1}{2}(S/L + B/L) - \frac{1}{2}(S/H + B/H) \quad (2.33)$$

同理在第二组使用同样的多空方法可以得到表现因子 PERF：

$$PERF = \frac{1}{2}(S/L + B/L) - \frac{1}{2}(S/H + B/H) \quad (2.34)$$

（七）CH-3 因子模型

本节最后介绍适用于中国股票市场的 CH-3 模型，由于中国股市在经济环境、宏观政策以及投资者结构等方面与美国市场存在着巨大差异，上述提到的几类多因子模型在国内表现均弱于美国市场。为了反映中国市场的特有性质，学者们针对中国股市研究得到了许多新的因子模型，其中影响最大的为 Liu et al.（2019）提出的 CH-3 因子模型。Liu et al.（2019）在研究中国股票市场的规模和价值因子时发现，相比美国市场中 Fama-French 三因子模型的构成方式，国内市场中使用盈利价格比 EP 作为价值因子的定价模型更为准确。具体来说，文章使用 2000—2016 年中国 A 股市场收益数据，在剔除了由于"借壳"引起错误定价的 30%

最小市值股票后，发现新的三因子模型 CH-3 相较其他传统模型具有更好的拟合能力，模型超额收益 α 由 FF3 中显著的 5.6% 变为 -0.4%，此外文章使用 CH-3 检验了存在于中国市场中的十大类异象，发现异象的平均超额收益由之前的 10.8% 降为了 5.4%。

$$E[R_i] = R_f + \beta_{i,1}(E[R_M] - R_f) + \beta_{i,2}E[R_{SMB}] + \beta_{i,3}E[R_{VMG}] \quad (2.35)$$

模型新提出的价值因子以中国 A 股市场中上市公司 EP 的 30% 和 70% 分位数为界，按高低分为价值（Value，EP 在 70% 分位数之上）、中性（Neutral，EP 介于 30% 和 70% 分位数之间）以及成长（Growth，EP 在 30% 分位数之下）三组。用这三组和市值高低进行双重排序得到 6 个投资组合：B/V、B/M、B/G、S/V、S/M 以及 S/G，价值因子 VMG 等于：

$$VMG = \frac{1}{2}(S/V + B/V) - \frac{1}{2}(S/G + B/G) \quad (2.36)$$

四、动态定价模型与系统性风险贝塔

静态（Unconditional）因子定价模型一般假设因子的风险暴露系数 β 为固定不变，而动态（Conditional）因子定价模型假设股票系统性风险是动态时变的，即 β 是时变的。贝塔在 CAPM 定价模型中又被称为系统性风险，对于贝塔的动态测度也即对市场系统性风险的动态度量。相比静态 CAPM 模型，动态 CAPM 理论考虑了股票风险受到企业自身微观特征和外在宏观经济环境下的影响作用。

早期对于动态定价模型的研究中，Ferson（1999）等学者构建了经典动态 CAPM 理论框架：

$$\alpha_{i,t} \equiv E(R_{i,t} | Z_{i,t-1}) - \beta_{i,t} E(R_{m,t} | Z_{i,t-1}) = 0 \quad (2.37)$$

其中 $Z_{i,t-1}$ 为上期已获知的条件信息，$E(R_{i,t} | Z_{i,t-1})$ 为第 i 只股票在第 t 期在信息集 $Z_{i,t-1}$ 下的条件预期收益，$E(R_{m,t} | Z_{i,t-1})$ 为市场组合在第 t 期

的预期收益。

将公式（2.37）转换为因子定价形式，即变为：

$$R_{i,t} = a_i^C + \left[\beta_{i,0} + \beta_{i,1}f_t(Z_{i,t-1})\right]R_{m,t} + \mu_{i,t} \qquad (2.38)$$

模型与上述提到的静态模型的最大区别在于 $\beta_{i,t}$ 为特征 $Z_{i,t-1}$ 的线性函数，而 $Z_{i,t-1}$ 通常是可以表征风险的宏观或微观经济变量，即宏观和微观层面的信息都将对市场系统性风险产生影响。而由于引入了条件信息，动态 CAPM 模型具有更好的定价能力，如 Jagannathan and Wang（1996）和 Lewellen and Nagel（2006）发现动态 CAPM 模型可以更好地解释美国市场横截面股票收益；Cosemans et al.（2016）通过在估计股票动态 β 时引入了宏观变量（信用利差等）和微观变量（账面市值比等）以及两者的交叉乘积项，获得了更好的样本外预测效果；Cederburg and O'Doherty（2016）通过滞后期的 β 值、市场分红率和信用利差等宏观变量构建动态 CAPM，发现其可以有效地减少风险定价异象。

中国市场中，丁志国等（2012）在早先研究中发现中国市场中系统风险 β 具有明显的时变特征；王宜峰（2012）发现相对于 CAPM、消费 CAPM、投资增长、三因素模型等经典资产定价模型，条件 CAPM 具有明确的经济含义和较好的解释能力；邓可斌等（2018）构建了宏微观混合 β 的动态 CAPM 模型来研究股市的系统性风险，发现加入宏观变量后模型可以更好地估计市场风险，文章与现有模型比较，证明忽略宏观经济政策因素的已有方法会显著低估系统性风险，同时显著降低样本外预测精度；尹力博等（2019）则应用包含宏观特征的条件 CAPM 模型研究了中国股市异象的时变特征及影响其变化的经济因素。文章发现在条件 CAPM 下，各类市场异象仍然存在，并且表现出显著的时变性。

第二节　资产定价中的异象特征

股票市场异象（anomaly）指的是传统资产定价模型无法进行解释的部分，即当使用异象因子对横截面股票进行分组后，组合的收益与CAPM模型或其他基准模型回归得到的 α 值显著异于零。随着学术界越来越多的信息汇集和挖掘，大量的异象因子数据被构建出来。Mclean and Pontiff（2016）总结了上百个能显著预测股票收益的指标，Green et al.（2017）检验了94个异象，指出有12个异象对股票收益有显著的预测能力。Yan and Zheng（2017）使用bootstrapping的方法构建了高达18000余个因子，包含了过往已有特征和通过数据抽样得到的新特征数据。Neely et al.（2014）采用了潜在因子法提取了公司技术面变量中能有效预测收益的公共部分，从而在月度层面能很好地预测股票市场收益。

本节回顾了近年来常见的一些市场异象特征因子，由于国外成熟市场和国内市场在市场结构和投资者参与特征等角度存在差异，因此本节主要分为国外市场和国内市场两部分进行介绍。

一、国外市场的异象特征研究

作为对目前学术界挖掘的各类异象的总结论述，Hou et al.（2019）将可以解释股票市场横截面收益的因子分为估值与成长、投资、盈利、惯性、交易摩擦和无形资产6大类，并进行了显著性检验，发现在所有的447个异象因子中，显著性不足5%的特征数达到了286个，其中流动性类指标占比最大，在使用了更加严苛的检验标准后，有效的因子数下降到了67个，作者同时指出异象失效的原因在于小型股票带来的影响，这类股票市值仅占市场总市值的3%，但却包含了诸多错误定价，将这部分股票剔除后，大量的异象不再显著。

（一）估值与成长性指标

价值型股票指股价相对基本面估值较低的股票，例如低市盈率（Basu，1977）、低价格股利比（Lakonishok et al.，1994）、低价格负债比（Bhandari，1988）、低账面市值比（Fama and French，1993）等，相比高估值的股票，价值型股票长期可以获得更高的收益。对于价值因子的超额收益来源，主流研究主要从理性和行为金融两个视角进行了解释。其一，基于 Fama and French（1993）提出的风险补偿理论，Fama and French（1995）指出价值型公司有持续相对较低的收益率、较高的收益率不确定性以及较高的杠杆率，即价值型股票因为具有高风险因此需要高收益来进行弥补；其二，Lakonishok et al.（1994）从行为人的错误定价角度出发，认为价值因子的超额收益来源于在非理性认知下投资者对股票未来的增长预期有误而导致的定价偏误。经验不足的投资者倾向于把股票过去的增长率推广到未来很长一段时间，即他们对过去表现好的股票的未来预期过于乐观，导致这些股票被高估；而对过去表现不好的股票反映过度（over reaction），超卖这类股票，导致其被低估。此外，通过比较股票的系统性风险（例如 beta 和标准差），Lakonishok et al.（1994）发现高价值公司的风险并未高于成长型公司，认为 Fama 提出的风险补偿理论与实际相悖。Daniel and Titman（1997）同样对第一种假设提出了质疑，他们发现与 Fama and French（1993）提出的账面市值比这一指标高度相关的股票资产并未产生更高的预期收益。

（二）投资指标

在公司投资与股票收益预测方面，多数实证结果发现企业投资与股票预期收益呈现负向关系。如 Fairfield et al.（2003）发现应计项目（ACC）

和净营运资产（NOA）都与股票的未来收益负相关。Titman et al.（2004）用当期资本成本与历史成本的比值计算得到资本投资增长率，发现这一比值越高，股票未来收益越低。Cooper et al.（2008）发现总资产增长率越高的股票，预期收益率越低。Aharoni et al.（2013）发现公司预期投资越高，未来收益越低。投资与股票收益的负相关性同样可从基本面和行为金融两方面进行解释：其一，基于风险补偿的定价理论认为投资是与价值因子等类似的定价因子和风险来源，这一理论的代表研究为Fama and French（2015）。在资产价格等于预期现金流折现的假设下，Fama将原有的三因子模型扩展到五因子模型，新增公司盈利因子和投资因子。与此同时，Hou et al.（2015）提出了基于投资摩擦的Q资产定价模型，同样包含了投资因子。其二，行为金融理论则认为超额收益来源于投资者对于企业投资行为的偏误理解。Titman et al.（2004）认为投资异象可能是投资者对企业投资反应不足所致。Stambaugh and Yuan（2016）在构建"管理因子"（MGMT）时，总结了包括股票净发行、综合股权发行、应计利润、净营运资产、资产增长率、投资资产比等6个异象，并认为异象是由公司管理行为的偏差所致。

（三）盈利指标

企业盈利表征了企业的运营质量，因此对股票收益具有预测作用。Haugen and Bake（1996）和Cohen et al.（2002）证实了净资产回报率（ROE）与股票未来收益的显著正向关系。Bali et al.（2008）同样发现总资产收益率可以正向预测股票收益。Novy-Marx（2013）构建营业利润资产比测度盈利能力，也发现了相似的结论，对于盈利特征超额收益的来源分析主要有：（1）基于理性的风险机制。与其他风险因子相同，现有的资产定价模型也大多加入了盈利因子，将企业盈利作为风险的一种。（2）基于行为金融的机制。Wang and Yu（2013）首先反驳了风险补偿这一解释，并以传统宏观经济变量表征了系统性风险，发现这些变量对 ROE 溢价并未显示出任何预测能力；同时 ROE 的预测能力在经济衰退期更显著，说明高 ROE 公司的宏观经济风险暴露并未高于其他低 ROE 的公司，而且盈利溢价在公告期和非公告期也无显著差异。他们认为盈利溢价是由错误定价导致的，即受到套利约束和信息不确定性高的公司盈利溢价应该更大。而错误定价则来源于投资者对近期的盈利新闻反应不足（under reaction），因而高盈利能力的公司被低估。

（四）惯性指标

Jegadeesh and Titman（1993）提出了中期惯性效应（medium-term momentum effect），认为在过去半年至一年能为投资者带来显著正收益的股票，未来预期收益也会相对较高。与之相对的则为短期反转效应（short-term reversal effect），例如一个月或一周内持续上涨的股票，下期则较大可能下跌（Jegadeesh，1990）。而且，当使用较长期的历史收益预测未来收益时，反转效应会再次出现，即惯性效应会持续长达 12 个月，而长期反转效应则是持续 13~31 个月。对于惯性效应主要有两种解释：其一，由于控制风险后惯性效应仍然存在，因此被普遍认为是行为偏差。Jegadeesh and Titman（1993）认为这是由于股票市场不完全有效，股价未能实时反映公司的具体活动所致。后续研究进一步提出了较完善的行为模型，认为投资者对信息反应不足或过度导致了收益的惯性（Barberis et al.，1998；Daniel et al.，1998）。行为模型的预测结果不仅与中期惯性效应一致，也涵盖了长期反转效应，因为长期来看，投资者行为偏差带来的错误定价会被修正。其二，Conrad and Kaul（1989）和 Lo and MacKinlay（1990）提出理性认知理论，认为惯性效应仅仅是股票预期收益在横截面上持久性的体现。高（或低）的未来预期收益，会致使已经实现高（或低）收益的股票持续历史趋势。同时，高（或低）的未来预期收益,也会使未来已实现的股票回报较高(或低)。然而,这类模型很难解释反转效应,也鲜有实证结果支持。

(五)交易摩擦指标

交易摩擦类的指标包含非常广泛,代表性的包括市场系统性风险Beta、非流动性(illiquidity)和异质性波动率(idiosyncratic volatility)等。系统性风险Beta来源于资本资产定价模型(CAPM),被定义为个股收益与市场收益的回归系数,代表了个股的风险暴露。早期的研究发现Beta与股票预期收益呈正相关关系,但近年来这种关系正逐渐消失(Fama and French,1993)。基于此,Frazzini and Pedersen(2012)提出了贝塔异象(Beta Anomaly),文章建立了一个不同投资者、不同时间的包含杠杆和资金约束的模型,并发现:(1)有约束的投资者追逐高Beta资产,高Beta总是伴随着低Alpha,并且包括美国在内的全球20个股票市场、国债、公司债、期货市场均存在此现象;(2)通过Beta套利(Betting against beta,BAB)因子,即买入有杠杆的低Beta资产,同时卖空高Beta资产,可以产生显著为正的风险调整后收益;(3)当面临较高的资金约束时,Beta套利因子的收益下降;(4)约束程度越高的投资者越倾向于持有高风险Beta资产。

流动性指标方面,Amihud(2002)发现个股非流动性越高,其未来收益越高,而超额收益可能包含了对于交易摩擦的补偿。Ang et al.(2006)定义特质波动率为CAPM模型回归的残差波动率,并发现在横截面上,异质性波动率与股票预期收益间具有负相关关系。虽然Ang et al.(2006)证明了市场总体波动率风险暴露会带来负的风险溢价,却不能完全解释上述负相关关系。后续学者从错误定价角度分析了特质波动率异象,如Liu et al.(2018)发现特质波动率异象主要集中于错误定价偏高的一类股票。

（六）无形资产指标

无形资产类指标主要包括公司运营年限（firm age）和与现金流相关的财务比率（如现金流负债比、速动比率）等。Jiang et al.（2005）以运营年限来衡量企业信息不确定性，认为越年轻的公司，信息不确定性越大，股票未来收益越低。文章同时发现这种异象会随行业的不同而有强弱的变化，例如服务提供商、科技导向型行业信息不确定性较大，公司运营年限的预测作用也更强。文章认为投资者预期偏误（年轻公司的信息获取难度较大，投资者对其判断过于自信）及有限套利（年轻的公司套利成本高）是导致异象的两种原因。Ou and Penman（1989）从财报中提取流动比率、速动比率、现金比率等，旨在评估公司内在价值。合理的流动比率代表了企业受短期波动而破产的概率较小，企业运营更加稳定，预期收益更高。

二、中国市场的异象特征研究

中国股票市场诞生于 1990 年成立的上海证券交易所，其间经历了起步探索、政策规范及快速发展等多个阶段。随着 2019 年科创板的设立和注册制的实施，更多优质企业的 IPO 进一步推动中国股票市场的繁荣发展，截至 2019 年底，沪深两市市值总规模达到了 61.6 万亿元，占我国 GDP 总量的 60% 以上，稳居全球第二。在与全球资本市场的联动性上，自 2001 年中国加入 WTO 后，内地企业海外业务量不断上升，经济全球化效应不断凸显，而在 2019 年 7 月国务院金融稳定发展委员会宣布了金融业外资开放的十一条政策后，中国同国外资本市场"同涨同跌"的联动现象将更为频繁。

一方面，中国股票市场同样具有可预测性。姜富伟等（2011）使用

1996—2009 年中国 A 股市场股票收益数据基于公司行业、规模、市值和股权集中度等特征划分投资组合，并使用股利支付率、股息率等市场指标和 M_0 增长率、M_1 增长率等宏观指标作为自变量构建线性回归模型进行预测研究，结果发现不同行业投资组合的可预测性存在显著差异，其中金融与保险业、房地产和制造等行业组合具有较高的可预测性，此外小市值、低面值市值比和低股权集中度的投资组合同样具有显著的预测性。李志冰等（2017）考察了 Fama-French 五因子模型及动量效应在中国股票市场的实证应用，文章使用了 1994 年 7 月至 2015 年 8 月 A 股上市公司为样本，考察 Fama-French 五因子模型在中国股市不同时期的应用，结果发现全样本下规模、账面市值比效应显著，经三因子模型调整后盈利能力及投资风格效应仍显著，但不存在显著的动量或反转效应，整体上 Fama-French 五因子模型有非常强的解释能力，比 CAPM、Fama-French 三因子及 Carhart 四因子模型表现得更好。文章进一步将全样本划分为股改前和股改后进行子样本检验，发现股改前市场组合风险占据主导地位，股改后盈利能力、投资风格及动量因子三个因子的风险溢价变为显著。

另一方面，中国市场也有其独有的特征。彭莉（2014）指出，在面对最近几次金融危机时，中国股票市场的波动风险与海外市场不尽相同，其中只有在美国次贷危机发生以后，中国股票市场才呈现出与全球股票市场波动性变化一致的趋势。Zheng et al.（2018）从金融系统的角度独立剖析了中国资本市场的金融风险，文章认为中国金融经济体系的问题在于政府过度干预下的资源错配和执行效率问题。

收益和风险的特征差异进一步体现在资产定价模型中。Hu et al.（2018）等发现中国股票市场中传统的账面市值比并不适合作为价值因子，其原因在于中国市场在发展过程中的结构性变化。而田利辉等（2014）认为较之美国股市，中国市场受政策信息影响较大，中国投资者对于上市公司成长性关注不足是造成价值因子不显著的主要原因。

在著名的动量因子研究上,中国市场在频率数据上也表现出了不同,即动量效应更为"短视"。鲁臻和邹恒甫(2007)发现国内股市的反转效应相对于动量效应要更明显,市场存在中期动量与长期反转效应。高秋明等(2014)使用1994—2011年股票收益率数据对动量效应进行了重新检验,结果发现国内A股市场不存在显著的月度频率上的动量效应,而当形成期为2~4周、持有期为1~3周时,则存在稳定的动量收益,并认为现有西方行为金融理论并不能解释国内市场中动量效应在不同规模、不同账面市值比和不同换手率股票间的差异问题。阎畅和江雪(2018)使用近年的市场数据重新检验,发现国内市场存在日度频率上的动量效应,而在周、月频率上表现为显著的反转效应。此外,田利辉等(2014)发现我国股票收益存在超短期的反转效应。

在特质波动率方面,左浩苗等(2011)对中国股票市场特质波动率与横截面收益率的关系进行经验研究,发现中国股票特质波动率与横截面收益率存在显著的负相关关系,但在控制了表征异质信念的换手率后,这种负相关关系消失了。文章认为这种现象的产生主要是因为在卖空约束和投资者异质性的共同作用下,资产价格会被高估从而降低其未来的收益率。刘莹等(2019)从融资融券角度研究了中国A股市场的异质性波动率之谜。实证结果表明,在融资融券制度推行初期,两融标的股票异质性波动率之谜现象未能得到有效抑制。融资融券制度推行后期,A股市场融券交易总量快速增长,融资融券标的股票的异质性波动率之谜相对非融资融券股票得到明显抑制,说明融券交易的活跃程度可以抑制融资融券标的股票异质性波动率现象。史永东和程航(2019)发现了以企业IPO首日收益率为代表的市场情绪指标可以部分解释特质波动率。

对于贝塔异象的研究,刘圣尧等(2016)通过引入博彩变量研究中国股市中显著存在的市场风险异象,并发现加入博彩特征风险因子后,该异象的超额收益不再显著异于零。周亮和王银枝(2020)发现我国股市存在着显著的低风险异象，贝塔异象因子在我国股市能够获得显著的超额收益，在控制了风险因子后仍然能够获得显著的超额收益。

其他异象研究中，王淏森（2018）探讨了中国A股市场中的财务困境异象，发现在大市值股票中财务困境风险与股票收益显著负相关，表现为财务困境负溢价，而在小市值股票中财务困境风险与股票收益显著正相关，表现为财务困境溢价。奉立城（2000）认为我国股票市场存在日平均收益率显著为负的"星期二效应"和显著为正的"星期五效应"，陆磊和刘思峰（2008）也发现中国股市同时存在节前、节后两种日历效应。王思文（2018）以A股市场2000年1月到2017年12月的上市公司为样本，根据以往国内外学者的研究提取出了22个异象因子，并检验了我国股票市场上基于Fama-French三因子模型和包含"公司特征"因子的四因子模型风险调整后的异象显著性。

第三节　机器学习与资产定价

大量异象的发现为机器学习的应用提供了数据基础。本节从理论和实证角度讨论了机器学习与资产定价研究相结合的可行性。理论背景方面从机器学习在资本市场应用的可行性和优势角度进行了说明；实证方面介绍了近年来使用机器学习进行实证资产定价研究的国内和国外相关文献，此外对于本书使用的各类机器学习方法的相关研究文献，将在第三章机器学习的算法介绍中一并进行讨论。

一、机器学习应用于资产定价的理论背景

首先我们从定价模型的理论构建角度来分析引入机器学习的必要性。

作为人工智能诞生的初衷，特征预测和分析是进行机器学习算法建模的重点，同时也是其优势所在。在资产定价研究中，收益预测准确性的提升将改善定价模型的定价误差，增强市场的有效性。我们以第一节提到的含有 M 个因子的多因子定价模型为例进行说明：

$$R = \alpha + \beta f + \varepsilon \tag{2.39}$$

α 代表了定价误差，为 $N \times 1$ 矩阵，β 为 $N \times M$ 的回归系数矩阵，ε 为残差项，其协方差矩阵为 Σ（$N \times N$）。在比较不同因子模型的有效性时，Gibbons et al.（1989）提出了著名的 GRS 联合检验，公式如下：

$$\alpha'\Sigma^{-1}\alpha = SR(f,R)^2 - SR(f)^2 \tag{2.40}$$

其中 $SR(f,R)^2$ 为因子组合与资产构建的最大夏普比率平方，$SR(f)^2$ 为因子组合的最大夏普比率平方，两者间的差值越小，代表定价误差越低，模型有效性越高。考虑两个不同的因子 f_1 和 f_2，假设 $SR(f_1)^2 > SR(f_2)^2$，则易得到：

$$SR(f_1,f_2,R)^2 - SR(f_1)^2 < SR(f_1,f_2,R)^2 - SR(f_2)^2 \tag{2.41}$$

即相比只包含 f_2 的因子模型，包含 f_1 的单因子模型定价误差更低，模型更有效。将结论推广到多因子模型中，可以得出因子组合收益的夏普比率是衡量模型解释力/定价能力的重要标准。因子组合收益为按照股票特征进行划分的多空对冲组合收益，这里的特征可以为一个，如代表规模的公司市值等；也可以为多个，即使用多个公司特征进行收益预测构建投资组合。通过将机器学习引入收益预测，并结合大量特征，在一定程度上可以提高预测精度，进而提高因子夏普比率，提升模型的定价能力。

机器学习在预测性能方面的提升主要源于缓解了过拟合问题以及对于非线性信息的处理，其中非线性是其区别传统线性模型的重要特征。Freyberger et al.（2020）证明了当真实定价模型中包含有非线性成分时，使用最小化残差平方和这一传统线性回归优化目标得到的拟合结果并不能有效实现夏普比率的最大化。文章发现了美国股票市场的非线性特征，通过使用非线性 Group LASSO 算法，可以获取超过线性模型的超额收益。

此外，Karolyi and Van（2020）在阐述横截面收益研究的发展方向时，强调了机器学习对于理论创新的作用。机器学习的突破作用体现在不仅带来了高维数据的解决方案，同时引入了非线性特征。而未来机器学习与资产定价的创新结合，其一体现在基于传统理论框架如 SDF 的创新研究，如 Kelly et al.（2019），Feng et al.（2019），Kozak et al.（2020）和 Haddad et al.（2020）等；其二在于模型构建后的经济学分析。而从模型搭建角度，经济学理论对于机器学习同样具有帮助，如在模型调参、数据特征工程等方面。

在将传统金融理论与人工智能进行结合方面，Martin and Nagel（2019）基于大数据时代背景（big data age）重新讨论了市场有效性（market efficiency）这一金融问题。传统金融市场将投资者分为非理性和理性两类，作者提出在现代金融市场，可以将理性投资者进一步分为使用大数据和不使用大数据两类，两者对于市场有效性的理解是不同的。文章以风险中性投资者为代表，证明了使用高维数据（维度数 J 与股票数 N 接近）的投资者市场更为有效且是可预测的，而只使用少数几个指标的投资者（如传统三因子或五因子模型）其面对的市场是趋向不可预测的。文章将机器学习引入传统资产定价理论中，并说明通过机器学习结合大数据，可以从两个角度提升资产定价模型的效率，其一为提高模型信噪比，其二为通过高维数据保留更多的有效信息。

而从理性和非理性投资者理论角度，Bianchi et al.（2020）说明了现存的两类理论模型的核心焦点在于预测：当对市场有准确预测时，投资者趋向于理性框架的解释，即市场均衡等模型；当对于未来的预测不够准确时，非理性投资者的表现则更趋向于行为经济学的解释范畴。因此机器学习对于两类传统理论模型均有着重要的理论意义。

综合上述讨论，可以看出机器学习应用于资产定价研究具有理论上的充分性和必要性。

二、基于机器学习的实证资产定价研究

基于上述理论基础，在实证研究方面，Han et al.（2019）引入了线性机器学习算法 LASSO 和弹性网络来优化股票收益预测模型，并寻找最优的组合策略，得到了显著优于传统方法的结果。此外，通过分析重要因子，作者还发现，不同时期显著的因子数目并不相同，单个因子也并不总是一直显著，文章主要验证了两个观点：（1）机器学习可以进行有效的因子选择，并提升资产定价模型的预测能力；（2）因子间存在重要度差别，高重要度的因子具有更高的定价权重。现有的许多特征变量均可以对收益实现有效预测，而在不同时期、不同经济或市场状态下，起主导作用的变量可能发生变化，因此将更多的因子引入资产定价模型提升有效信息的同时使用机器学习规避过拟合等传统问题是可行的。

Han et al.（2019）使用的 LASSO 和弹性网络是基于简单线性回归方程的改进，主要用来解决过拟合问题，对于多自变量的线性回归方程：

$$y = b^T x + a \tag{2.42}$$

回归参数的目标函数为：

$$b^* = \arg\min \sum_{i=1}^{m}(y_i - \sum_{j=1}^{n} b_j x_{i,j})^2 \tag{2.43}$$

当自变量存在相关性时，上述求解过程会引发多重共线性问题，并使得模型过拟合，因此可以在目标函数（2.43）中引入惩罚项：

$$b^* = \arg\min \sum_{i=1}^{m}(y_i - \sum_{j=1}^{n} b_j x_{i,j})^2 + \lambda \rho \sum_{j=1}^{n}|b_j| + \lambda(1-\rho)\sum_{j=1}^{n} b_j^2 \tag{2.44}$$

通过加入惩罚项，目标函数在计算最优解时将会剔除或压缩数值较大的参数，降低过拟合问题。这里 λ 称为惩罚因子，用来控制惩罚项的占比。当 ρ 取值在 0 到 1 之间时，模型被称为弹性网络。

当 $\rho=1$ 时，方程变为：

$$b^* = \arg\min \sum_{i=1}^{m}(y_i - \sum_{j=1}^{n}b_j x_{i,j})^2 + \lambda \sum_{j=1}^{n}|b_j| \qquad (2.45)$$

上述模型称为 LASSO 回归，LASSO 的目标函数在计算最优解（最小值）时将会剔除绝对值较大的参数，并使得最终得到的线性方程中自变量数大大降低。

此外，Gu et al.（2020）总结了几类机器学习模型并进行了实证分析，文章使用 1957 年到 2016 年美国股票月度收益率共近 30000 个股票样本数据，将 60 年的样本分为 3 个独立的时间段，前 18 年（1957—1974）用于模型训练，中间 12 年用于验证（1975—1986），剩下的 30 年（1987—2016）采用滚动窗口的方式进行样本外测试。在实证研究中，文章基于股票收益横截面文献建立了 94 个企业特征指标和 74 个行业层级的特征。同时参考 Welch and Goyal（2008）构建了 8 个宏观经济预测因子，包括股利价格比率、收益价格比率、账面市值比、净股权扩张、国债收益率、期限价差、违约价差和股票方差，并最终形成 920 个交叉特征变量。论文一共对比了 11 个机器学习模型，包括：普通线性回归、偏最小二乘法、主成分回归、弹性网络、广义线性回归、随机森林、梯度提升回归树以及神经网络模型等。文章发现基于线性回归模型的预测精度为负，而线性模型中弹性网络算法预测精度上升到了 0.11%，主成分回归和偏最小二乘法进一步将样本外 R^2 分别提高到 0.26% 和 0.27%，文章认为通过控制过拟合，基于大数据的多因子模型表现要好于简单几个因子组成的模型。而在非线性模型中树形模型和神经网络的预测 R^2 达到了 0.33% 和 0.40%，预测精度进一步提升，文章同时比较了两类方法发现非线性模型对于线性模型的提升是显著的。最后文章按股票预测值进行排序构建了投资组合，市值加权的组合收益最高夏普比率达到了1.35，显著高于使用OLS算法的组合，进一步证实了机器学习结合大数据在收益预测中的可行性。

Gu et al.（2020）文章中使用了随机森林和神经网络两类非线性模型，以神经网络为例，模型输出R_{t+1}可表示为最后输出层的特征输入F_t的线性之和：

$$R_{t+1} = \alpha + \beta_f F_t + \epsilon_{t+1} \tag{2.46}$$

F_t由模型输入层的股票特征X_t计算所得，对于具有多个隐藏层的神经网络模型，两者的关系如下：

$$F_t = F^{W,b}(X_t) \tag{2.47}$$

其中函数关系$F^{W,b}$为输入X_t到输出层输入F_t的映射，可以表示为各层神经元函数的逐元素乘积：

$$F^{W,b} := f_1^{W_1,b_1} \circ \ldots \circ f_1^{W_L,b_L} \tag{2.48}$$

每个神经元层的函数为激活函数f下的线性输入和为：

$$f_1^{W_l,b_l}(Z) := f_l(W_l Z + b_l), \quad \forall 1 \leq l \leq L \tag{2.49}$$

可以看到，相比线性因子模型，非线性模型考虑到了因子间的非线性关系，在模型拟合和预测方面的精度更高，因此受到了学者的广泛关注。如Gu et al.（2021）在Kelly et al.（2019）的基础上提出了一种新的非线性潜在因子条件资产定价模型，文章使用了自编码神经网络模型（Auto Encoder）将收益和来自协变量的信息合并。模型考虑了潜在因子和因子暴露，这些因子依赖于诸如资产特征等协变量。但是，与Kelly et al.（2019）文中的线性假设不同，作者将因子暴露设定为协变量的非线性函数。此外，该机器学习框架同时施加了无套利的经济约束。

非线性模型中的典型代表为神经网络模型，近年来神经网络在视觉识别、自然语言处理等领域做出了突出贡献，不少学者进而研究了其在金融市场资产定价和收益预测等方面的作用。Messmer（2018）基于深度前馈神经网络结合68个公司特征数据预测了美国股票的横截面收益率。结论发现相比线性回归模型，基于深度网络模型的多空对冲组合可以产生更高的超额收益和夏普比率，证实变量间的非线性关系有助于提升其定价能力。在所有特征变量中作者发现预测重要度最高的是惯性类因子，例如短期反转和12个月的动量等。Chen et al.（2019）更进一步使用了生成式对抗网络模型构建了一种非线性资产定价模型，其中生成器使用了长短期记忆网络LSTM和前馈网络模型FFN，判别器使用了循环网络模型RNN，使用的数据包括了46个美国市场股票特征以及178个宏观经济变量，文章发现模型样本外组合收益夏普比率高达2.1，而同期Fama-French因子模型只有0.8。解释力方面，模型对个股的收益解释达到了8%，对市场常见的46个异象的解释高达90%。

对于股票市场以外的其他资产，机器学习也在不断挑战传统定价模型的函数形式和预测表现。衍生品定价方面，Culkin and Das（2017）在Hutchinson et al.（1994）研究的基础上，设计了一个前馈神经网络模型来重构Black-Scholes期权定价公式。预测违约方面，Butaru et al.（2016）使用机器学习预测信用卡的拖欠和违约概率，他们认为这些方法适合消费者信贷风险的分析，模型可以处理大样本规模以及消费者交易和特征之间可能的复杂性关系。Sirignano et al.（2018）建立了一个关于多期抵押贷款拖欠、止赎和提前还款风险的深度学习模型，文章发现，通过解决非线性问题，贷款和池级风险预测的准确性、抵押贷款交易策略的投资绩效以及使用抵押贷款支持证券的对冲策略收益显著提高。

国内市场中，Jiang et al.（2018）首次使用多种计量方法从75个公司特征中提取能够预测资产收益的因子，并发现了显著的横截面预测结果。曾志平等（2017）对A股市场日度股票收益图进行了图像分类处理，对上升、下降、波动趋势的三类股价使用深度网络模型进行训练,并按照预测信号进行量化交易,发现模型预测准确度达到了90.54%。李斌等(2019)整理了1997年1月至2018年10月A股市场的96项异象因子数据,构建了12种机器学习算法驱动的股票收益预测模型及相应的量化投资模型,系统性地对比了机器学习驱动的定价模型在中国市场的实证绩效,文章发现各类机器学习算法中深度网络模型的表现最好,主要由于模型能够自动识别变量中的非线性特征从而获得了更好的预测效果及投资组合收益。

第四节 文献述评

本章总结了资产定价理论的发展,国内国外各类异象和大数据视角下机器学习与资产定价研究的相关文献,梳理了从最初线性单/多因子模型的诞生到传统模型定价过程中出现的异象特征,再到大数据环境下机器学习引入资产定价中的理论必要性和实证表现。可以看到,已有文献研究目前主要存在如下三个方面的不足。

(1)传统定价模型在因子选择和函数范式方面存在一定缺陷,需要进行改进。首先,传统模型中的因子选择较为主观,缺乏大数据视角的考量。本章总结的7类多因子资产定价模型,无论Fama-French三因子/五因子模型,Carhart四因子模型,还是Hou-Xue-Zhang四因子模型,抑或是CH-3因子模型,其推导过程主要基于学者们对于市场收益的经济学认知,从单个来看具有比较完善的逻辑闭环。但实际上,社会科学问题并不具有统一的范式,基于不同视角得到的定价模型,在动态波动的环境下可能面临失效的情况。其次,传统模型函数形式存在一定缺陷,遗漏了数据的非线性信息。无论是以CAPM为代表的Beta Pricing Model还是随机贴现因子模型 SDF，在传统框架下均可以等价为线性的多因子模型。线性模型具有良好的解释特性，但在参数拟合过程缺失了数据间的非线性信息，同时在面对高维数据时容易出现过拟合等问题。

（2）异象特征的应用分析尚存不足，需要进行拓展和整合。本章第二节介绍了众多的特征异象，单个特征因子往往只能侧重一类/多类市场信息，如从基本面构架的价值因子和从市场量价信息构建的动量因子，无法包含更多维度的数据。随着当下互联网技术的发展，投资者进行交易时相比过去会收集更多维度、更多信息源的数据，需要将多维的特征进行整合分析。

此外，基于异象特征大数据的机器学习模型在资产定价领域的实证应用仍不够全面。体现在应用方向和研究深度两方面：其一，目前机器学习主要应用在收益预测研究中，对于市场其他特征如系统性风险等的分析探讨文献较少；其二，已有文献对机器学习应用过程中的经济学意义解释仍然较少，同时也没有将其和真实市场中的经济行为活动结合分析。

（3）国内市场相关研究较少，欠缺统一的研究框架。此外可以发现，针对国内股票市场的研究文献，无论是在对于市场异象的讨论分析，还是在对使用机器学习进行实证资产定价的研究探索，整体处于比较匮乏的阶段。在本章综述中，较多出现的是国外市场的研究文献，国内研究仍然较少，在对于国内市场信息的收集和特征构建方面，以及在对不同层级、不同维度资产进行定价分析过程中与机器学习相结合的研究探索方面均存在一定局限。

基于上述文献的研究短板，本书在后续实证章节相应地进行了三个方面的创新探索。

（1）构建了以深度学习为代表的高维因子定价模型。针对第一个问题，本书使用了主流的机器学习算法，结合构建的企业特征大数据重新对股票市场的可预测性进行了研究。相比传统线性回归方程，机器学习算法在拟合优度以及样本外预测方面均有显著提高。其中，本书创新地构建了动态深度学习模型——生产式对抗网络，不仅缓解了传统模型的过拟合问题，同时具有良好的非线性处理特性和动态适应性。

（2）重新梳理整合了研究框架，突出了机器学习背后的经济机制。针对第二个问题，首先本书实证章节将研究视角聚焦到系统性风险测度中，以中国股票市场高风险低收益这一现象为出发点，利用机器学习结合大数据重新测度了组合的系统性风险，缓解了贝塔异象，提升了市场有效性，为后续我国股市风险的投资和监管提供了指引。其次本书将定价模型的样本内解释研究扩展到样本外预测分析中，利用机器学习对可预测性问题进行了探讨，构建了更为有效的深度学习定价模型。最后本书第六章以生成式网络模型实证结果为基础，以有效性和定价传导逻辑为出发点研究了机器学习背后的微观和宏观机制。

（3）以中国股票市场为样本，发掘中国特色的资产定价理论与模型。针对第三个问题，本书以中国 A 股市场为研究样本，开发了适用于国内市场的深度学习模型，并基于实证结果进行了经济机制分析，得到了具有中国特色的定价模型和经济解释。

第三章 数据构建及机器学习模型设定

本章主要讨论数据构建和机器学习模型的设定。第一部分介绍了本书使用的数据来源和数据特征的构建过程，由于原始采样数据的信息结构是十分混乱的，直接导入模型会严重影响模型的表现甚至导致无法收敛的情况，而金融数据天生具有信噪比低的特点，传统面板数据可能存在数据缺失、量级不统一、离群值等问题，因此本书对相关数据进行了预处理工作以方便后续模型计算。

本章第二部分介绍了本书实证研究中涉及的几类机器学习模型。主要包括线性的主成分分析、偏最小二乘法、LASSO、岭回归和弹性网络，以及非线性模型包括树形模型和神经网络，并在最后着重介绍了本书创新构建的生成式对抗网络模型。

第一节　中国股市收益和特征数据

除去第二章提到的股权分置改革，中国股票市场另一重大的变革来自 2001 年中国加入世界贸易组织（WTO），加入 WTO 不仅促进了国内外商品的自由流通，增进了国民福利，同时为出口导向的企业带来了大量的订单，提高了企业盈利，对于股市而言在引入外资后进一步改变了市场结构。因此，本书选取 2002 年后的中国 A 股市场数据进行研究，并按年度剔除了 20% 最小市值股票，这类股票大多数为 ST 和 SST 类，面临退市等各类风险,在实际投资中常常无法操作,同时其企业特征和普通类股票特征存在较大差异。本书使用的数据均来自国泰安和 WIND 数据库。

一、收益数据

按月度选取 2003 年 1 月至 2017 年 12 月共 180 个月度中国 A 股市场所有股票收益数据,计算股票超额收益使用的无风险收益采用月度的一年期国债收益率,市场组合收益为 A 股市场所有股票收益流通市值加权平均得到。图 3-1 给出了最终本书使用的月度股票样本数。可以看出,我国上市公司数量随着年份呈增长趋势,月度均值为 1520 家公司。

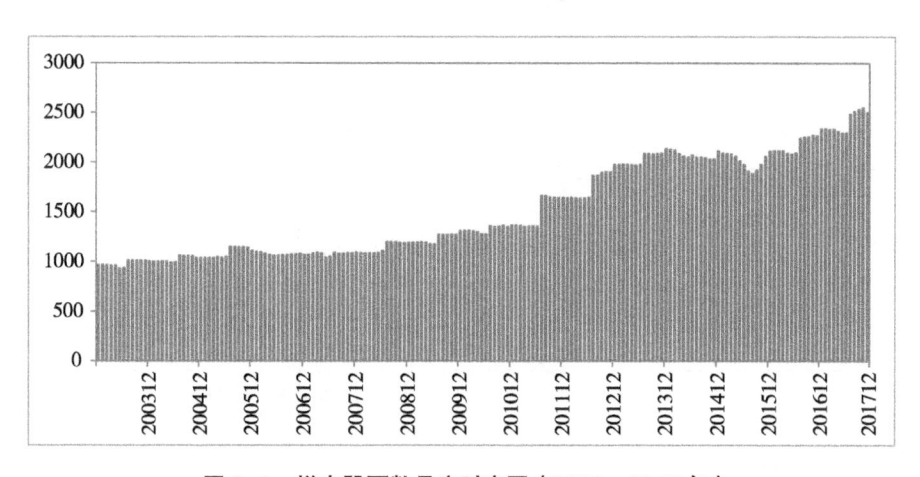

图 3-1 样本股票数月度时序图(2003—2017 年)

二、企业微观特征

由经典的 Gordon 的固定股利增长模型可知公司股价与股利、预期回报和股利增长率的关系为:

$$Price = \frac{Dividend}{Ret - Growth} \quad (3.1)$$

Fama and French（2005）将上述模型进行展开，通过将等式的左右两边分别除以账面价值（BV），再将分子乘以利润（$Profit$）再除以利润，可以整理得到如下公式。其中 $Profitability$ 代表了公司的盈利能力，$Payout-ratio$ 表示股利与利润的比值。

$$\frac{Price}{BV}=\frac{Dividend/BV}{Ret-Growth}=\frac{\frac{Profit}{BV}*\frac{Dividend}{Profit}}{Ret-Growth}=\frac{Profitability*Payout-ratio}{Ret-Growth}$$
（3.2）

由式（3.2）可以看出，预期收益率与公司盈利能力（$Profitability$）、成长能力（$Growth$）、治理策略（$Payout-ratio$）和价值（$\frac{Price}{BV}$）紧密相关。另外，上述估值模型要求股利稳定增长，因此基本面信息分类也将考虑公司的稳定性或安全性。基于上述拆解并结合 Hou et al.（2017）的研究，本书将构建的基本面特征分为了6大类，见表3-1，其中各特征变量的具体计算方式见本书附录一。

表3-1 公司特征指标名称及定义

缩写	名称	定义
估值与成长类指标（14个）		
AM	资产市值比（Assets-to-market）	财政年总资产除以财政年末市值
BM	账面市值比（Book-to-market equity）	财政年权益账面价值除以财政年末市值
CFP	现金流股价比（Cash flow-to-price）	现金流量除以财政年末市值
DER	债务股本比（Debt-to-equity ratio）	总负债除以财政年末市值
LDME	长期债务股本比（Long term debt-to-market equity）	长期负债除以财政年末市值
DP	红利价格比（Dividend-to-price ratio）	总股息支出除以财政年末市值
EP	市盈率（Earnings-to-price）	特殊项目之前的年收入除以财政年末市值
LG	债务增长（Liability growth）	总负债的年末变化除以一年滞后总负债
OCFP	营运现金流价格比（Operating cash flow-to-price）	经营现金流量除以财政年末市值
PY	股息股价比（Payout yield）	年收入减去账面资产的变化除以财政年末市值

续表

缩写	名称	定义
SG	可持续增长率（Sustainable growth）	股票账面价值的年增长率
SMI	销量增长与存货增长差（Sales growth minus inventory growth）	销售额的年增长率减去存货的年增长率
SP	销量价格比（Sales-to-price）	年营业收入除以财政年末市值
TG	纳税增长率（Tax growth）	应付税款的年变化除以上一年度税款
投资类指标（9个）		
ACC	应计收入（Accruals）	年收入减去经营现金流除以平均总资产
PACC	百分比应计收入（Percent accruals）	总利润减去经营现金流除以净利润
CAPXG	资本开销增长率（Capital expenditure growth）	资本支出的年变化除以滞后一年的资本支出
dBe	股东权益变化（Change in shareholders' equity）	账面资产的年变化除以滞后一年的总资产
dPIA	固定资产与存货变化率（Changes in PPE and inventory-to-assets）	财产、厂房和资产总值的年变化设备加上库存的年变化，除以滞后一年总资产
IA	投资资产比（Investment-to-assets）	总资产的年变化除以滞后一年的总资产
IVC	存货变化率（Inventory change）	库存年变化除以总资产两年均值
IVG	存货增长率（Inventory growth）	库存的年变化量除以滞后一年的库存量除以总资产
NOA	净运营资本（Net operating assets）	营业资产减去营业负债除以总资产
盈利类指标（16个）		
ATO	资产换手率（Asset turnover）	销售额除以滞后一年净资产
CFOA	现金流资产比（Cash flow over assets）	经营现金流除以总资产
CP	现金生产率（Cash productivity）	流通股市值加上长期负债除以总资产
CTA	现金资产比（Cash-to-assets）	现金和现金等价物除以两年均值总资产
CTO	资本换手率（Capital turnover）	销售额除以滞后一年总资产
EBIT	息税前收益（Earnings before interests and taxes）	净利润加所得税费用和财务费用
EY	企业收益率（Earnings yield）	利息和税前利润除以企业价值
GM	边际毛利（Gross margins）	营业收入减去营业费用除以滞后一年营业收入
GP	毛利率（Gross profitability）	季度营业收入减去季度营业费用除以当前和上一季度总资产均值

续表

缩写	名称	定义
NPOP	净利润（Net payout over profits）	总净支出（净收入减去账面资产变动）除以总利润
RNA	净运营资产收益率（Return on net operating assets）	折旧后的营业收入除以滞后一年净营运资产
ROA	资产收益率（Return on assets）	季度总营业利润除以当前季度和上一季度总资产均值
ROE	股权收益率（Return on equity）	季度净收入除以当前季度和上季度总股东权益均值
ROIC	投资型资产收益率（Return on invested capital）	利息和税收前收益减去非经营性收入除以剔除现金的企业价值
TBI	应税所得与账面资产比（Taxable income-to-book income）	税前收入除以净收入
Z	Z 评分（Z-score）	z-score=1.2×（营运资本/总资产）+1.4×（留存收益/总资产）+3.3×（息税前收益/总资产）+0.6×（股票市值/账面价值占负债总额）+（销售/资产总额）
惯性类指标（8个）		
CHMOM	6 个月惯性变化（Change in 6-month momentum）	t−6 月到 t−1 月的累积回报减去 t−12 到 t−7 的累计回报
MOM1M	超短期动量（短期反转）	t−1 月的累计收益
MOM6M	短期动量	t−6 月到 t−2 月的累计收益
MOM12M	中期动量	t−12 月到 t−2 月的累计收益
MOM36M	长期动量	t−36 月到 t−13 月的累计收益
VOLM	交易量惯性（Volume momentum）	高交易量股票从 t−6 月到 t−1 月的累计收益
VOLT	交易量趋势（Volume trend）	5 年的月成交量趋势除以 5 年平均成交量
REVL	长期反转（Reversal）	从 t−60 月到 t−13 月的累计收益
交易摩擦类指标（19个）		
B_DIM	蒂姆森系数（The Dimson beta）	使用市场回报的领先和滞后一期以及当前市场回报来回归计算得到的 β
B_DN	下行系数（Downside beta）	当市场超额收益低于市场的平均超额收益时计算股票超额收益和市场超额收益之间的条件协方差除以市场超额收益的条件方差
BETA	系统性风险系数（Market beta）	以周收益率计算得到的三年滚动窗口 β 值

续表

缩写	名称	定义
BETASQ	系统性风险系数平方（Beta squared）	上述计算得到的平方
B_FF	法马-弗伦奇系数［Fama and French (1992) beta］	五年滚动窗口的月收益 β 值，市场因子包含一期滞后项
B_FP	弗兰兹尼与皮特森系数［Frazzini and Pedersen (2014) beta］	股票的预期回报波动率除以市场回报波动率，再乘以回报率的相关性
B_HS	洪与斯拉尔系数［Hong and Sraer (2016) beta］	一年滚动窗口的日度收益 β 值
IVOL	异质性收益波动率（Idiosyncratic return volatility）	三年周收益和周市场组合收益回归残差的标准差
ILLIQ	非流动性（Illiquidity）	过去12个月平均绝对收益除以交易量
MAXRET	最大日收益（Maximum daily returns）	$t-1$ 月的最大日收益
PRC	股价（Price）	$t-1$ 月末的股价
PRCDEL	延迟股价（Price delay）	$t-37$ 月到 $t-1$ 月周收益变化率除以包含四期滞后的市场组合收益
RVOL	人民币交易量（RMB trading volume）	$t-2$ 月到 t 月交易量乘以每股价格的对数
SIZE	公司规模（Frim size）	股票市值
STD_RVOL	人民币交易量波动率（Volatility of RMB trading volume）	人民币交易量的月标准差
STD_TURN	换手率波动率（Volatility of turnover）	日股票成交量的月标准差
RETVOL	收益率波动率（Return volatility）	两个月日收益率的标准差
TURN	股票换手率（Share turnover）	最近3个月的平均月交易量除以当月流动股票量
ZEROTRADE	零交易天数（Zero trading days）	最近1月零股交易日的总占比
无形资产类指标（8个）		
AGE	公司年龄（Firm age）	公司上市年数
CFD	现金流负债比（Cash flow-to-debt）	折旧前和非经常性项目前的收益，除以流动负债总额和滞后1年的负债总额均值
CR	流动比率（Current ratio）	流动资产除以流动负债
CRG	流动比率增长（Current ratio growth）	流动比率的年增长率
QR	速动比率（Quick ratio）	流动资产减去库存，除以流动负债
QRG	速动比率增长（Quick ratio growth）	速动比率的年增长率
SC	销量现金比（Sales-to-cash）	销售额除以现金及现金等价物
SI	销量存货比（Sales-to-inventory）	销售额除以库存总量

原始计算得到的企业微观特征面板数据在应用前要经过预处理。主要包括缺失值填充和离群点处理等。

（1）缺失值填充。数据缺失是金融数据中常见的问题，例如个股的停盘会导致收益类指标的缺失，而行业间差异会导致特定指标在行业层面的缺失。缺失问题的解决方法包括删除和填充。删除操作伴随着对某一股票或特征的剔除，因此填充操作更为常见。

缺失值填充的来源可以有多种途径，如 0 值或者上期数值等，每种填充方式有不同的侧重，例如对于具有自相关性质的时序数据，使用上期值进行填补显得更为合适；而对于股票特征，0 值填充的方式可以避免引入多余的噪声信息。各类方法在使用中需要更多的结合实际情况，如对于个股收益的缺失数据，显然上述方法并不合理，因此只能将其删除。

（2）离群点处理。离群点是指一个时间序列中，远离序列的一般水平的极端大值和极端小值。其判定依据可以基于样本的均值 μ 和标准差 σ，以服从正态分布的数据集为例，数值分布在（$\mu-2\sigma$，$\mu+2\sigma$）外的占比约为 0.05，分布在（$\mu-3\sigma$，$\mu+3\sigma$）外的占比约为 0.01，实际中可以根据需要调整 σ 的系数来确定范围；再者可以设定阈值来直接进行数据划分。对数据中的离群点进行剔除可以提高数据的稳定性，并有效改善模型的收敛过程。本书对企业微观特征进行了截尾处理，剔除了上下 1% 阈值外的数值点。

估值与成长类指标

本书共使用了 14 个估值与成长类指标，大多为企业财务指标与其市场价格的比值，且使用的财务指标包括了资产负债表（如总资产、总负债）、损益表（如销售额、营运利润和净利润）以及现金流量表的各个类目。通过建立"账面"与"市场价格"的关系，以行业均值为标准可以发现高估值和对应的低估值股票，而高估值股票更易产生负回报。表 3-2 给出了 14 个指标在横截面标准化后的描述性统计。

表 3-2 估值与成长类指标描述性统计

特征因子	均值	方差
资产市值比（AM）	−0.042	0.511
账面市值比（BM）	0.024	0.833
现金流股价比（CFP）	0.034	0.975
债务股本比（DER）	−0.055	0.416
长期债务股本比（LDME）	0.011	0.997
红利价格比（DP）	0.006	0.998
市盈率（EP）	0.065	0.601
债务增长（LG）	0.006	0.884
营运现金流价格比（OCFP）	−0.005	0.786
股息股价比（PY）	−0.008	0.913
可持续增长率（SG）	0.019	0.759
销量增长与存货增长差（SMI）	−0.004	0.970
销量价格比（SP）	0.012	1.002
纳税增长率（TG）	−0.001	0.952

投资类指标

本书使用了 9 个投资类指标，见表 3-3，其中应计收入 ACC 和百分比应计收入 PACC 是输入典型的"应收"类异象，使用权责发生制的会计标准时，企业可以通过应收类账目来"调整"收入，而 Sloan（1996）和 Hafzalla et al.（2011）发现高应收的企业相对回报低于普通企业；资本开销增长率 CAPXG 和投资资产比 IA 则代表了企业的投资水平，其中 CAPXG 指企业资金在固定资产、无形资产、递延资产的投入，Mcconnell et al.（1985）提出正的投资增长表明企业强劲的盈利质量以及更高的收益回报；固定资产与存货变化率 dPIA、存货变化率 IVC 和存货增长率 IVG 则考虑了存货类异象。

表 3-3 投资类指标描述性统计

特征因子	均值	方差
应计收入（ACC）	0.025	0.821
百分比应计收入（PACC）	−0.003	0.991
资本开销增长率（CAPXG）	0.018	1.037
股东权益变化（dBe）	0.041	0.836
固定资产与存货变化率（dPIA）	0.061	0.821
投资资产比（IA）	0.031	0.904
存货变化率（IVC）	0.039	0.989
存货增长率（IVG）	0.003	0.990
净运营资本（NOA）	0.063	0.596

盈利类指标

本书使用的盈利类指标共包括 16 个，见表 3-4，基本为企业收益与资产的比值。其中使用现金流量表的指标包括现金流资产比 CFOA、现金生产率 CP、现金资产比 CTA；使用损益表的指标包括息税前利润 EBIT、企业收益率 EY、边际毛利 GM 和毛利率 GP、净利润 NPOP 等，还包括了常见的盈利指标如净运营资产收益率 RNA、资产收益率 ROA 和股权收益率 ROE 等。盈利类指标代表企业未来的发展质量，以 ROE 为例，净资产收益率为企业收益同净资产的比值，代表了单位股东资本可以创造的价值，作为重要的定价因子，高 ROE 的企业能获得更高的超额收益（Hou et al.，2015）。

表 3-4 盈利类指标描述性统计

特征因子	均值	方差
资产换手率（ATO）	0.050	0.999
现金流资产比（CFOA）	0.052	0.718
现金生产率（CP）	−0.020	0.318
现金资产比（CTA）	0.039	0.967
资本换手率（CTO）	0.028	0.970

续表

特征因子	均值	方差
息税前收益（EBIT）	-0.001	0.895
企业收益率（EY）	0.102	0.787
边际毛利（GM）	0.045	0.892
净利润（NPOP）	0.002	0.914
毛利率（GP）	0.004	1.012
资产收益率（ROA）	0.001	1.005
净运营资产收益率（RNA）	-0.001	0.948
投资型资产收益率（ROIC）	-0.003	0.812
应税所得与账面资产比（TBI）	0.012	1.013
股权收益率（ROE）	-0.001	1.002
Z评分（Z）	0.026	1.049

惯性类指标

本书使用了8个惯性类指标用来诠释股市中的"动量"异象，见表3-5。包括了1、6、12、36个月的动量特征以及行业动量和交易量动量。

表3-5 惯性类指标描述性统计

特征因子	均值	方差
超短期动量（MOM1M）	0.019	0.152
短期动量（MOM6M）	0.095	0.344
中期动量（MOM12M）	0.213	0.541
长期动量（MOM36M）	0.658	0.934
交易量趋势（VOLT）	0.026	0.990
交易量惯性（VOLM）	0.010	0.966
长期反转（REVL）	0.035	1.013
6个月惯性变化（CHMOM）	0.000	0.875

交易摩擦类指标

交易摩擦类指标共有19个，见表3-6。其中与"贝塔"异象相关的指标包括7个，分别为蒂姆森系数B_DIM、下行系数B_DN、系统性风险系数BETA及系统性风险系数平方BETASQ以及其他三类指标。不同指标度量贝塔系数的方式不同,而贝塔异象主要指高风险(贝塔)的股票收益无法补偿其风险,Fama and French(1992)指出了资产定价中的证券市场线(stock market line,SML)过于平坦的现象,因此对贝塔的准确度量可以获取超额收益;波动率指标包括了异质性收益波动率 IVOL、人民币交易量波动率 STD_RVOL、换手率波动率 STD_TURN、收益率波动率 RETVOL 等;最后,本书引入了换手率和流动性指标用来分析中国股市的流动性溢价问题(周芳和张维,2011)。

表 3-6 交易摩擦类指标描述性统计

特征因子	均值	方差
蒂姆森系数(B_DIM)	0.012	0.966
下行系数(B_DN)	0.045	0.826
法马-弗伦奇系数(B_FF)	−0.001	0.660
弗兰兹尼与皮特森系数(B_FP)	−0.024	0.560
洪与斯拉尔系数(B_HS)	0.031	0.958
人民币交易量(RVOL)	0.053	0.936
股票换手率(TURN)	0.005	1.096
最大日收益(MAXRET)	−0.044	0.608
收益率波动率(RETVOL)	−0.053	0.625
人民币交易量波动率(STD_RVOL)	−0.025	0.918
换手率波动率(STD_TURN)	0.006	1.099
非流动性(ILLIQ)	−0.061	0.619
零交易天数(ZEROTRADE)	−0.023	0.811
系统性风险系数(BETA)	−0.019	0.919
系统性风险系数平方(BETASQ)	−0.024	0.871
延迟股价(PRCDEL)	−0.018	0.917
异质性收益波动率(IVOL)	−0.058	0.888
股价(PRC)	−0.042	0.950
公司规模(SIZE)	−0.005	0.802

无形资产类指标

本书使用了 8 个无形资产类指标,见表 3-7。其中流动比率 CR 和速动比率 QR 代表了企业短期偿债能力，而销量现金比 SC 以及销量存货比 SI 暗含了企业的破产风险。

表 3-7 无形资产类指标描述性统计

特征因子	均值	方差
公司年龄（AGE）	−0.030	0.988
现金流负债比（CFD）	0.073	0.930
流动比率（CR）	0.012	0.984
流动比率增长（CRG）	−0.006	0.851
速动比率（QR）	0.008	0.984
速动比率增长（QRG）	−0.007	0.868
销量现金比（SC）	−0.032	0.691
销量存货比（SI）	0.000	1.005

三、宏观经济指标

参考 Welch and Goyal（2008）、Jiang et al.（2016）和陈国进（2018）等人的研究，本书共选取了 8 个宏观经济指标变量，其统计描述见表 3-8。

· 波动率（对数），LVOL：各股月度波动率流通市值加权平均的对数值。

· 账面市值比（对数），BM：股票账面权益同当期市值的比值。

· 分红率（对数），DY：股票红利除以滞后一期价格的对数值，其中分红为最近 12 个月的滚动值。

· 盈利比（对数），EP：股票盈利除以当期的价格的对数值，其中盈利为最近 12 个月的滚动值。

· 通货膨胀率，INF：国家统计局每月给出的居民采购指数（CPI）环比值。经济景气指数（HJ）。

· 消费者预期指数（CEI）：根据国家统计局给出的两类指数除以 100

得到。

· 换手率，TO：A股市场当月所有股票换手率算数平均值。

表3-8 宏观经济变量的描述性统计

	均值	最大值	最小值	标准差	偏度	峰度
LVOL	4.10	4.75	3.44	0.23	−0.42	3.55
BM	−1.02	−0.33	−1.76	0.31	0.06	2.60
DY	−0.27	0.54	−1.02	0.35	0.16	2.67
EP	−4.00	−2.96	−5.00	0.40	−0.08	2.34
CEI	1.08	1.276	0.96	0.48	0.25	3.98
INF	0.21	2.6	−1.3	0.60	0.43	3.69
HJ	1.01	1.059	0.974	0.17	0.33	2.87
TO	3.08	8.44	0.44	1.74	0.90	3.59

第二节　机器学习模型设定

上节给出了本书使用的高维数据集，事实上资产定价中的许多预测问题都具有高维性，因为其中大量的可观测变量均可以提供有效的预测信息，包括但不限于报表数据中的企业特征、公司披露的文件信息、市场交易中开收盘价和成交量、媒体报道信息等。传统资产定价研究中只抽取其中的几个构建模型，并对于新挖掘的异象因子，使用传统因子模型来检验其边际效应即超额收益。这类检验方法的问题在于大量单个研究提出的因子可能具有相似性，使得整体因子集信息高度冗余。

作为解决高维问题的首选，机器学习受到了重点关注。本节主要介绍在本书实证中使用的几类机器学习模型，同时探讨了其在金融领域的应用场景，对于各类机器学习的超参数设定，本书统一在附录二中给出。

一、线性机器学习模型

(一) LASSO、岭回归和弹性网络

对于给定的自变量 $x=(x_1;x_2;...x_n)$ 和因变量 y,典型的线性方程可表示为:

$$y = b_1x_1 + b_2x_2 + ... + b_nx_n + a \qquad (3.3)$$

改写为向量形式

$$y = b^T x + a \qquad (3.4)$$

其中 $b=(b_1;b_2;...;b_n)$,b 和 a 为我们需要获取的模型参数。

当自变量矩阵 X 中各变量存在较高的相关性时,模型的参数估计会出现多重共线性的问题,多重共线性会使得拟合参数方差增大,严重影响模型的精确性,这类情况在经济学研究中尤为常见。此外,高维度的自变量数据会引起模型过拟合,降低其样本外的预测能力。

针对上述两类问题,我们通过在目标函数中引入惩罚项来解决,

$$b^* = \arg\min \sum_{i=1}^{m}(y_i - \sum_{j=1}^{n} b_j x_{i,j})^2 + \lambda \rho \sum_{j=1}^{n}|b_j| + \lambda(1-\rho)\sum_{j=1}^{n} b_j^2 \qquad (3.5)$$

λ 为惩罚因子,用来控制惩罚项的占比。当 $\rho=1$ 时,方程变为:

$$b^* = \arg\min \sum_{i=1}^{m}(y_i - \sum_{j=1}^{n} b_j x_{i,j})^2 + \lambda \sum_{j=1}^{n}|b_j| \qquad (3.6)$$

上述模型称为 LASSO 回归,通过加入惩罚项,目标函数在计算最优解(最小值)时将会剔除绝对值较大的参数即 $b_j=0$,最终得到的线性方程中自变量数将大大降低,此外,通过提高 λ 的赋值同样可以进一步优化自变量数,因此 LASSO 也被称为"变量选择"模型。

LASSO 的变量选择特性使其在资产定价领域受到了广泛的应用,

Rapach et al.（2015）利用 LASSO 模型对行业股票组合进行了预测研究；Chinco et al.（2019）使用历史收益结合 LASSO 来预测高频收益；Han et al.（2019）使用 LASSO 来提升模型预测能力并试图寻找显著影响股票收益的特征变量。国内研究中，王国长等（2019）针对时间序列模型提出一种改进的自适应 LASSO 方法来预测中证 100 指数；李政等（2019）以 2011—2017 年我国上市金融机构为研究对象，使用 LASSO 分位数回归构建了金融系统的极端风险网络，并在此基础上提出了传染性和脆弱性指数来测度金融机构的传染性风险水平。

当 $\rho=0$ 时，方程变为：

$$b^* = \arg\min \sum_{i=1}^{m}(y_i - \sum_{j=1}^{n} b_j x_{i,j})^2 + \lambda \sum_{j=1}^{n} b_j^2 \qquad (3.7)$$

上述方程称为岭回归（ridge regression），不同于 LASSO 的变量剔除，岭回归通常会压缩参数接近于 0，而不会完全剔除某个变量，即可以理解为"变量压缩"法。

当 $1 > \rho > 0$ 时，惩罚项兼具"变量选择"和"变量压缩"功能，称为弹性网络法。当对高维变量进行回归时，LASSO 模型可能将相关性较低变量剔除，而这些"独立"变量对于解释经济行为和后续模型预测具有重要作用，这类情形下弹性网络模型的表现往往更好（Zou and Hastie，2005）。

（二）主成分回归和偏最小二乘法回归

在高维情形下出现的数据样本稀疏、计算困难等问题被称为"维数灾难"（curse of dimensionality），解决上述问题的重要途径是降维（dimension reduction），即通过数学变换将高维空间数据投射到低维空间中，在这一过程中最大限度地保留了有效信息，对于金融数据而言，这一过程可以剔除噪声，提高数据的信噪比。

对数据进行降维处理时主要分为两种方式：一类为对已有的可观测因子（observable factor）进行筛选，按照特定判据选择对于模型最为有效的变量，如 LASSO 等；另一类模型关注于整体数据中的公共信息，并利用坐标轴重构等方式提取可量化的潜在因子（latent factor），如主成分分析、偏最小二乘法等。

主成分分析

主成分分析 PCA 是考察多个变量间相关性的一种多元统计方法，研究如何通过少数几个主成分来揭示多个变量间的内部结构，即从原始变量中导出少数几个主成分，使它们尽可能多地保留原始变量的信息，且彼此间互不相关。

考虑将原变量的维度降低为 K 维时，新的变量可表示为：

$$x_{i,t} * \Omega_K \tag{3.8}$$

其中，Ω_K 为 $P \times K$ 维矩阵，P 为原变量维度，K 为新设定的维度，矩阵中每一列 ω_j 为构造新维度的线性权重即特征向量，目的是找出变量间方差最大的坐标来进行降维，且不同特征变量间保持正交消除重复信息，特征向量的目标函数可表示为：

$$w_{j,t} = \arg\max Var(x_{i,t} w_t),$$

$$s.t. w_t' w_t = 1, Cov(x_{i,t} w_t, x_{i,t} w_{t,l}) = 0, l = 1, 2, \ldots, j-1 \tag{3.9}$$

主成分分析作为较早诞生的一类经典算法在学术界有着广泛应用，在资产定价领域，Giglio et al.（2016）在构建因子定价模型时使用了 PCA 提取代表风险的潜在因子；Lettau and Pelger（2020）基于主成分分析构建无套利模型，并发现其可以提高条件信息的信噪比；Jiang et al.（2019）使用公司特征作为预测变量结合 PCA 针对中国 A 股市场进行了收益预测研究。整体上目前单独使用主成分分析的算法研究文献较少，大多是结合其他算法进行的对比分析。

偏最小二乘法

偏最小二乘法 PLS 与主成分分析类似，在选择特征向量矩阵 Ω_K 时 PLS 的目标公式为：

$$w_{j,t} = \arg\max Cov^2(R_{i,t}, x_{i,t}w_t),$$

$$s.t. w_t' w_t = 1, Cov(x_{i,t}w_t, x_{i,t}w_{t,l}) = 0, l = 1,2,\ldots,j-1 \quad (3.10)$$

其中 $R_{i,t}$ 为个股收益，由公式可以看出相比 PCA 只考虑变量内部的相关关系（方差），PLS 将研究目标——股票收益引入，考察变量与收益间的相关性（协方差），并按照与收益最相关的维度进行坐标系重构和降维。

PLS 算法的近期研究见之于 Kelly and Pruitt（2013），文章将其应用到收益预测研究中并发现相比预测变量间的关系，其与预测值之间的协方差显得更为重要，文章认为一些有效预测变量在 PCA 算法中可能因为方差较小而被忽略，而 PLS 通过提高这类变量的权重使得预测更为有效。Huang et al.（2015）同样出于上述考量，将 PLS 算法引入测度投资者情绪的计量方法中，使用股票收益波动作为工具变量提取投资者情绪，给予对投资者情绪敏感、股票收益预测能力强的代理变量较高的权重，并据此构造了一个全新的投资者情绪指数。国内研究中，王镇等（2014）采用 PLS 重新构建了投资者情绪综合指数，并发现新情绪指数的效果要优于 PCA 构建的投资者情绪指数；孟雪井等（2016）运用文本挖掘技术对中国知网 CSSCI 期刊与新浪微博话题信息进行文本分析并构建了反映我国投资者行为的关键词词库，之后同样利用 PLS 构建了具有领先性的沪市投资者情绪指数。周亮（2020）利用 PLS 生成的投资者情绪指数检验了情绪对传统的动量效应及经 CAPM 模型调整的残差动量效应的影响并得到了显著的结果。

二、非线性机器学习模型

（一）树形回归模型

相比线性模型，树形结构通过分支引入了"非线性"的概念，近年来涌现出大量基于树形结构的资产定价研究，如 Bryzgalova et al.（2019）基于简单树形模型提出了"资产定价树"（asset pricing trees），而以 Guida and Coqueret（2018）、Coqueret and Guida（2020）和 Simonian et al.（2019）为代表的研究通过将树形模型与股价预测、投资组合构建以及传统因子模型优化相结合，均取得了不错的效果和实证结果。

图 3-2 给出利用规模因子和价值因子对股票进行分类的简单决策树结构，首先按照企业规模对数据进行一次划分，高于 0.5 的归为类别 3，低于 0.5 的再次按照账面市值比进行划分，低于 0.3 的归入类别 1，高于 0.3 的归入类别 2，三类数据集分别对应着"小盘成长股""小盘价值股""大盘股"，则后续新加入的股票在按照标准进行分类后其预测收益为组内历史股票的平均收益。

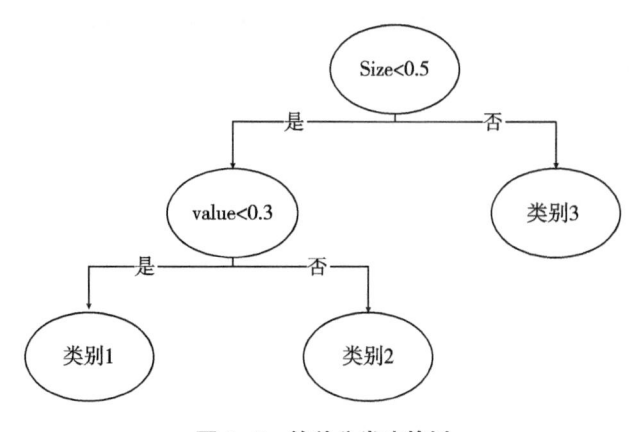

图 3-2 简单分类决策树

可以看出，选择最优划分属性是树形模型构建的重点，抉择过程中有两个问题需要考虑,即划分点的选择和使用的属性数目的确定,选择最优的划分点可以得到最好的分支效果,而控制使用的属性数量可以降低过拟合的发生。对于不同类别的样本,我们希望其在训练过程中的"纯度"(purity)越来越高,度量样本集合纯度的指标有"信息熵"(information entropy)和"基尼系数"(Gini index)等。

信息熵作为最常用的度量纯度的指标,设定全样本集合 D 中第 i 类样本占比为 p_i,则样本 D 的信息熵定义为:

$$Ent(D) = -\sum_{i=1}^{m} p_i \log_2 p_i \quad (3.11)$$

$Ent(D)$ 值越小,D 的纯度越高。使用属性 Xi 对样本进行划分后得到的信息增益(information gain)可表示为:

$$Gain(D,i) = Ent(D) - \sum_{v=1}^{V} \frac{|D^v|}{|D|} Ent(D^v) \quad (3.12)$$

其中 v 为属性 Xi 设定的划分点,D^v 为在分支 v 上的样本数,$\frac{|D^v|}{|D|}$ 为不同分支点上的样本数权重,信息增益越大,则表明新构建的分支对于数据集纯度的提升越大,以此作为目标函数即可对决策树进行优化训练。

此外,对于划分点的选择同样可以使用信息增益模型:

$$Gain(D,i) = \max_{t \in T_i} Ent(D) - \sum \frac{|D_t^\lambda|}{|D|} Ent(D_t^\lambda) \quad (3.13)$$

其中 t 为属性 i 中的划分点,D_t^λ 为按照划分点分类后的分支样本数。数据纯度的另外一种度量为基尼系数,设定 p_i 代表第 i 类样本占总样本的比例,则 Gini 可表示为:

$$Gini(D) = -\sum_{i=1}^{m} \sum_{i' \neq i} p_i p_{i'} = 1 - \sum_{i=1}^{m} p_i^2 \quad (3.14)$$

Gini(D)值越高,数据纯度越低,若样本中所有数据为同一类即 $p_i = 1$,则 Gini(D)=0,此时样本纯度最高。

将信息熵或基尼系数作为模型优化的目标函数，即可进行最优属性选择和分支等操作。

事实上，单一的树形模型在面对大数据时拟合结果是非常差的，因此人们使用了集成学习（ensemble）的方法，通过采用不同的训练方式得到大量的基础树模型，最终的模型输出为所有基础树预测结果的汇总。

集成学习之 Boosting

Boosting 的训练机制与"串联"模型相似，先使用初始样本集训练出一个基学习器，根据基学习器的表现对样本分布重新进行调整，并更关注分类错误的数据，接着基于调整后的数据再训练下一个基学习器，循环上述过程直到达到规定的迭代次数或者预期的误差率，最终模型输出为 T 个学习器的综合。

Boosting 模型中最经典的为 AdaBoost，模型设定总学习器 $H(x)$ 为 T 个基学习器的线性加权：

$$H(x) = -\sum_{t=1}^{T} a_i h_t(x) \tag{3.15}$$

AdaBoost 的每一个基学习器为只包含一个特征的单层决策树，模型在训练中不断修正数据和各基学习器的权重来最小化误差，具体来说分为数据权重和基学习器权重：（1）设定初始数据权重为等权重，在训练完一个基学习器后重新调整数据权重并增加上一轮训练中被误分类点的权重，使得本轮训练的基学习器更侧重于错误点，迭代上述过程直到生成所有学习器；（2）基于上述基学习器加总得到强分类器时需要调整各学习器的权重，权重大小主要依据各分类器的分类错误率，分类器错误率越低，其权重就越高。

梯度下降树（Gradient Boost Decision Tree，GBDT）也是集成学习 Boosting 家族的成员，但是却和 AdaBoost 有很大的不同。首先，二者使用的基学习器不同，AdaBoost 算法利用单层决策树的误差来更新样本权重值，然后进行迭代；而 GBDT 则要求弱学习器必须是分类与回归树模型（Classification and Regression Trees，CART）。其次，由于使用了 CART，因此相比 AdaBoost 通过提升错分数据点的权重来定位模型的不足，GBDT 可以使用更多种类的目标函数，通过计算目标函数的梯度，使用梯度下降的方式来减少训练误差。因此，GBDT 常用在处理连续数据的回归问题中，此时目标函数可以为均方误差等。

集成学习之 Bagging

Boosting 算法在每次训练时需要结合已得到的所有基学习器，即第 N 步训练需已训练好的 N-1 个学习器和一个新生成的学习器来共同完成，因此训练效率不高。作为集成学习的另外一种思路，Bagging 通过并行的方式同步生成多个基学习器，最终通过集合所有学习器的结果来得到训练结果。不同于 Boosting，Bagging 生成的基学习器之间并没有"依附"关系，每个模型通过随机设定样本集和特征数来得到。通过随机化样本，一方面可以使得训练出的学习器之间更为"独立"，另一方面在提高模型泛化能力的同时可以使用子样本外的数据进行"包外估计"（out of bag estimate）来降低过拟合。

随机森林（Random Forest，RF）作为典型的 Bagging 类算法，模型进一步在基学习器训练中引入了随机属性，即在 RF 模型中，每个基学习器的属性集合为总集合的一个子集，子集大小一般设定为 k=$\log_2 d$，d 为总的特征数集合（见图 3-3）。

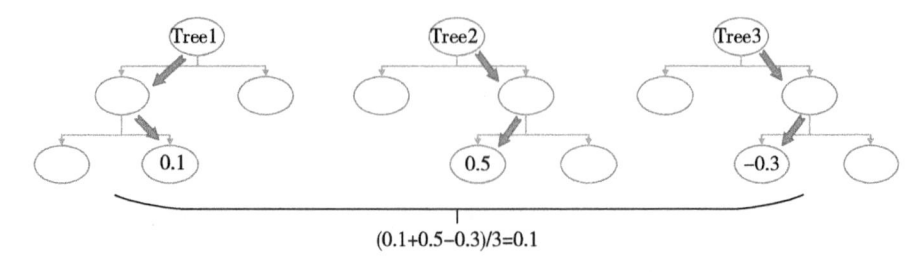

(0.1+0.5−0.3)/3=0.1

图 3-3 基于 Bagging 的随机森林

与传统 Bagging 中基学习器的"多样性"通过样本扰动来实现不同，RF 的多样性不仅来自样本，同时也来自属性扰动。更多的随机特性使得随机森林的泛化能力大大提高，模型在很多现实任务中表现出强大的性能。

Ballings et al.（2015）使用欧洲企业数据比较了集成式模型与单一模型的预测能力，结果发现集成式模型中的随机森林模型表现得最好，且高于 AdaBoost 等其他树形模型。Patel et al.（2015）在使用技术指标进行股价预测时比较了四类模型，同样发现随机森林表现高于支持向量机、神经网络和朴素贝叶斯模型。其他类似比较见 Krauss et al.（2017）和 Huck（2019）等。

国内研究中，孟杰（2014）利用随机森林方法建立了基于随机森林分类算法的我国上市公司财务失败预警模型；韩燕龙（2015）将随机森林方法应用到指数化投资的成分股选择中，并对其进行了适用性研究；李杰（2019）选取了价值类、成长类、动量类、财务质量类、技术类以及分析师情绪类六大类共 23 个因子，构建了基于随机森林算法的多因子选股模型并证明了模型具有良好的选股性能。

（二）神经网络模型

Warren Mc Culloc and Walter Pitts 于 1943 年首次建立了神经网络模型，但直到 20 世纪 90 年代初由于计算运算资源以及模型训练算法的限制，神经网络并未应用到实际研究中。随着 Rumelhant et al.（1986）将改进的反向传播算法引入神经网络来进行模型优化和参数选择，神经网络模型才重新崭露头角，Hornik et al.（1989）提出的万能近似定理（Universal approximation Theorem）则极大地提升了神经网络的适用范围。近年随着大数据技术的发展加之 GPU 等硬件并行处理能力的高速提升，神经网络尤其是深度学习模型（Deep Learning）被广泛应用在图像识别、自然语言处理等场景，并在特定领域衍生出卷积神经网络、循环神经网络等专有模型。

前馈式神经网络

神经网络是一种运算模型,由大量的节点(或称神经元)之间相互连接构成。经典的神经网络为前馈式神经网络模型(Feed Forward Networks,FFN),一般包括输入层、隐藏层和输出层,数据在每层传导时通过指定的激励函数(activation function)生成下一层数据。标准的神经网络模型构建如下:设定每层网络节点数为 K,除输入层外,每层输入为上层输出,除输出层外,每层输出为使用非线性激励函数 g 对输入信息集进行转换后得到,对于输入集合 $x(0) = (x_1,\ldots,x_N)'$,第 l 层每个节点输出为:

$$x_K^{(l)} = g(b^{l-1} + x^{(l-1)'} W^{(l-1)}) \quad (3.16)$$

则对于具有 L 层的神经网络模型,最终层输出为:

$$G(x,b,W) = b^{L-1} + x^{(L-1)'} W^{(L-1)} \quad (3.17)$$

W 和 b 代表每层输入的权重参数和偏差参数。

图 3-4 展示了具有 3 层隐藏层的神经网络模型,隐藏层每层各节点通过公式(3.16)生成数据并作为下一层的输入。非线性数据生成过程中常用的激励函数有修正线性单元(Rectified linear unit,ReLU)和 Sigmoid 函数等,ReLU 作为目前最常用的激励函数,对于输入变量 x_k 其解析式为:

$$ReLU(x_k) = \max(x_k, 0) \quad (3.18)$$

但 ReLU 函数缺乏随机性,在神经网络模型中随机性可以减少过拟合的现象,因而本书同时尝试使用一类新的激励函数高斯误差线性单元(Gaussian error Linear Units,GeLU)。GeLU 在激活函数中引入了随机正则的思想,是一种对神经元输入的概率描述,直观上更符合自然的认识。对于服从标准正态分布的 GeLU,其近似的计算公式为:

$$GeLU(x_k) = 0.5 x_k \left(1 + tanh\left[\sqrt{\frac{2}{\pi}}(x_k + 0.044715 x_k^3)\right]\right) \quad (3.19)$$

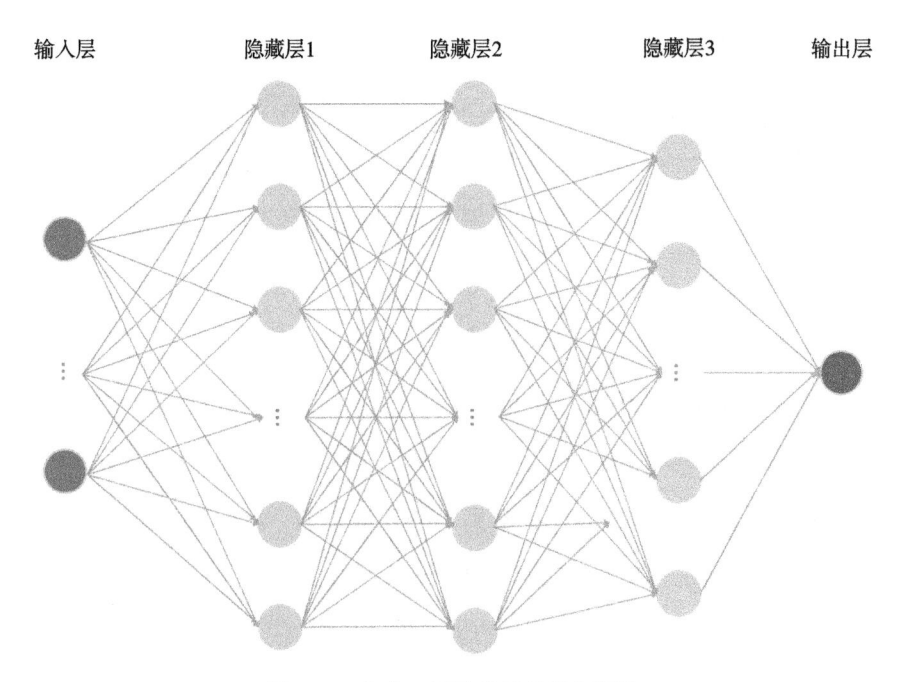

图 3-4 包含 3 层隐藏层的神经网络

循环神经网络和长短期记忆网络

循环神经网络（Recurrent Neural Network，RNN）是神经网络的一种变形，主要用于处理时序数据。考虑 $x_t = I_t$ 作为 t 时期输入信息集，则 RNN 模型隐藏层由当期信息 x_t 和上期存留信息 h_{t-1} 共同生成，其中 g 为激励函数：

$$h_t = g(W_h^{(c)} h_{t-1} + W_X^{(c)} x_t + \omega_0^{(c)}) \quad (3.20)$$

RNN 可近似为一种非线性自回归过程，当上期信息同当期有关联时模型表现良好。但 RNN 只能考虑近期的信息数据，无法捕捉长期信息对于当期的影响。

作为 RNN 的改进，长短期记忆网络模型（Long Short Term Memory，LSTM）最早由 Hochreiter et al.（1997）提出，目前已广泛应用于神经语言程序（Natural Language Processing，NLP）等具有时序特征数据的挖掘及分析工作中。LSTM 在 RNN 模型基础上加入了判定有效信息的记忆模块，弥补了 RNN 模型"短时记忆"的缺陷。典型的记忆模块包含 3 个单元，即输入门、遗忘门和输出门。输入门用来控制进入模块的新信息流，遗忘门选择有效信息并留存在模块中，输出门对接模型输出层进行训练计算。考虑 t 时期输入信息集 x_t，模型新创建的记忆模块包含当期信息和上期存留信息 h_{t-1}：

$$\tilde{c}_t = tanh(W_h^{(c)} h_{t-1} + W_X^{(c)} x_t + \omega_0^{(c)}) \quad (3.21)$$

输入门和遗忘门控制记忆模块所保留的信息集，输出门控制当期隐藏层的信息集，各个门控使用 sigmod 激活函数即下式中的 g 来将不同权重下的 h_{t-1} 和 x_t 线性输出转换为 0 到 1 的连续数值，其中 0 代表完全不允许数据通过，1 为完全允许数据通过：

$$input_t = g(W_h^{(i)} h_{t-1} + W_X^{(i)} x_t + \omega_0^{(i)}) \quad (3.22)$$

$$forget_t = g(W_h^{(f)} h_{t-1} + W_X^{(f)} x_t + \omega_0^{(f)}) \quad (3.23)$$

$$out_t = g(W_h^{(o)} h_{t-1} + W_X^{(o)} x_t + \omega_0^{(o)}) \quad (3.24)$$

设定 ⊙ 为矩阵点积，则最终构建的记忆模块和隐藏层为：

$$c_t = forget_t \odot c_{t-1} + input_t \odot \tilde{c}_t \quad (3.25)$$

$$h_t = out_t \odot tanh(c_t) \quad (3.26)$$

图 3-5 给出 LSTM 模型的典型结构，模型迭代主要分为三个阶段：第一阶段为遗忘阶段，对于输入的长期记忆 c_{t-1}，遗忘门控制有效信息通过并截断无效信息；第二阶段为选择记忆阶段，通过计算上期信息 h_{t-1} 和本期新信息 x_t 来确定输入门控和输入信息，两者点乘并与第一步通过遗忘门的有效信息相加得到 c_t；第三阶段为输出阶段，即基于上述计算得到模型本次迭代最终输出 c_t 和 h_t，其中 c_t 作为长期记忆将应用到下次迭代过程，h_t 则为本期预测结果。

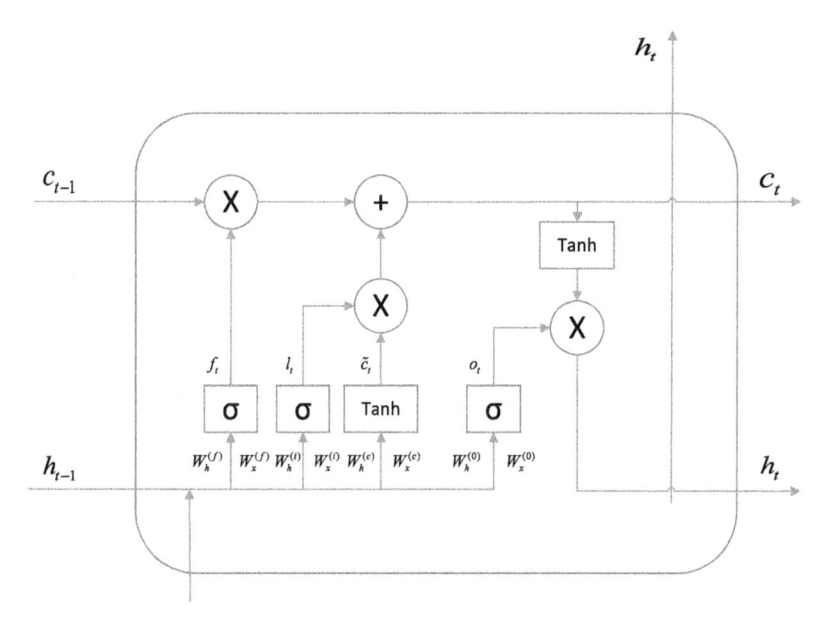

图 3-5　长短期记忆网络模型

三、生成式对抗网络模型

本书的一大贡献在于将生成式对抗网络（Generative Adversarial Networks，GAN）进行改进并应用于中国股票市场，因此我们将同为非线性模型的 GAN 模型单独列出，并着重讲述模型构建和使用流程。生成式对抗网络作为无监督学习的一种，近年来广泛应用于人工智能的各个领域。典型的 GAN 包括两个模块：生成器（Generative model）和判别器（Discriminative model）。生成式对抗网络特点在于"对抗"，由生成器得到预测数据分布后，判别器模块对真实数据和预测数据进行分类并返回判别信息给生成器，而最终的优化结果即使得生成器生成的预测收益同真实收益无法被判别器识别，以达到以假乱真的效果。

原始 GAN 模型受制于数据结构和模型复杂度，当判别器过于精准时会导致生成器参数更新时无法收敛，后续学者在初始版本基础上进行改进，提出的 Wasserstein GAN（WGAN）具有良好的收敛特性，同时模型优化过程也更加稳定。本书构建用于金融资产定价的 GAN 模型时，同样使用 WGAN，并结合神经网络算法，设定生成器为 LSTM，以便利于具有时序特征的数据生成预测收益；判别器使用卷积神经网络（Convolutional Neural Networks，CNN），用于区分预测值和真实值的差异。作为前馈神经网络的一种拓展，卷积神经网络由 Yann Lecun（1998）提出，最初用于图像智能处理领域，模型首先构建卷积层（Convolution）进行局部特征识别，池化层（Pooling）获取全样本数据及过滤冗余信息，最终由全连接层（Full-connection）进行数据预测和分类。针对金融市场收益数据的一维特性，本书使用了一维卷积网络模型（1D-CNN）对预测数据和真实收益数据进行判别分类。

本书构建的 GAN 模型算法结构如图 3-6 所示。具体而言，第一步在生成器中引入企业特征因子 $z_{i,t-1}$ 来获得初步估计的月度收益 $\hat{r}_{i,t,G}$；第二步再将真实收益 $r_{i,t}$ 与估计收益 $\hat{r}_{i,t,G}$ 导入判别器中，其中 $r_{i,t}$ 归为 "1" 类而 $\hat{r}_{i,t,G}$ 归为 "0" 类，并训练判别器；第三步固定判别器模型并重新迭代生成器使得到的 $\hat{r}_{i,t,G}$ 尽可能地在判别器中被归为 "1" 类。

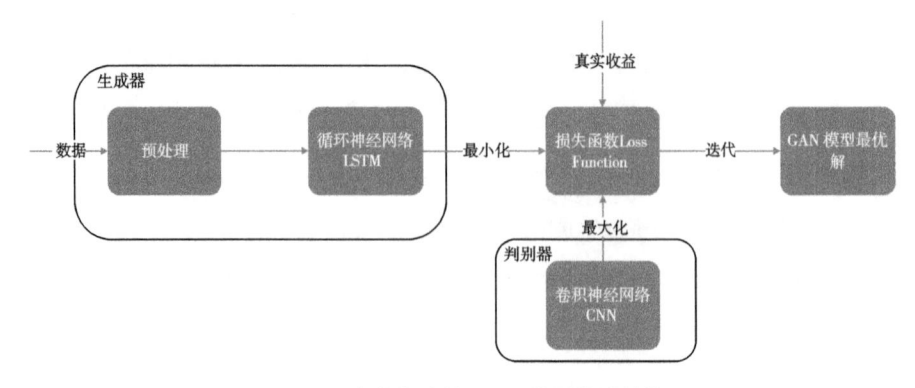

图 3-6　本书构建的 GAN 模型算法结构

GAN 模型在训练过程中判别器的设定会较大程度地影响到最终的预测精度，考虑到判别器为一个二分类模型，最初的 GAN 使用交叉熵

（Cross Entropy）表示其目标函数：

$$J(D) = E_{x \sim p_{data}(r_{i,t})} \left[\log D(r_{i,t}) \right] + E_{z \sim p_z(z_{i,t-1})} \left[\log(1 - D(G(z_{i,t-1}))) \right]$$

（3.27）

其中，E 代表期望，D 和 G 分别为判别器和生成器，作为 Shannon 信息论中一个重要概念，交叉熵主要用于度量两个概率分布间的差异性信息，公式（3.27）中对于真实收益 $r_{i,t}$ 和预测收益 $G(z_{i,t-1})$，最优的判别器 D 为使得 $D(r_{i,t})$ 为 1 而 $D(G(z_{i,t-1}))$ 为 0，即最大化 $J(D)$，而由于 G 和 D 是二元零和博弈，即生成器最优结果为使得 $D(G(z_{i,t-1}))$ 为 1，因此生成器的目标函数 J（G）=-J（D），最终 GAN 的迭代问题可表示为在判别器最大化信息差异即交叉熵的前提下生成器通过迭代更新参数来最小化预测值和真实值的差别：

$$\min_G \max_D V(D,G) = E_{x \sim p_{data}(r_{i,t})} \left[\log D(r_{i,t}) \right] + E_{z \sim p_z(z_{i,t-1})} \left[\log(1 - D(G(z_{i,t-1}))) \right]$$

（3.28）

考虑到在优化上述函数过程中会出现梯度消失和模型崩溃问题，Arjosvky et al.（2017）提出了改良的 Wasserstein 距离来替换原目标函数即公式（3.27）：

$$L = E_{x \sim p_{data}(r_{i,t})} \left[f_w(r_{i,t}) \right] - E_{z \sim p_z(z_{i,t-1})} \left[f_w(G(z_{i,t-1})) \right]$$ （3.29）

其中，f_w 为新的判别器即本书采用的 GAN 算法中使用的 CNN 模型，L 代表了估计值与真实值之间的差异，即生成器模型优化使得 L 达到最小的估计收益 $\hat{r}_{i,t,G}$ 为最终模型输出值。

最后，为了方便理解，我们将使用 GAN 模型进行预测的过程归纳为以下几步（见图 3-7）：（1）将各股企业特征数据导入生成器（LSTM）进行训练，并得到初始预测值；（2）利用判别器（CNN）进行分类，将预测值归为"0"，真实股票收益归为"1"；（3）完成一次训练后，固定判别器模型参数，同时多次迭代生成器使得生成的新预测值尽可能地被归入"1"类;(4)为了防止过拟合,引入验证集并在验证集损失函数不再继续下降时,停止训练,并单独取出生成器模型进行 t+1 期收益预测;(5)滚动完成所有样本外时间预测。

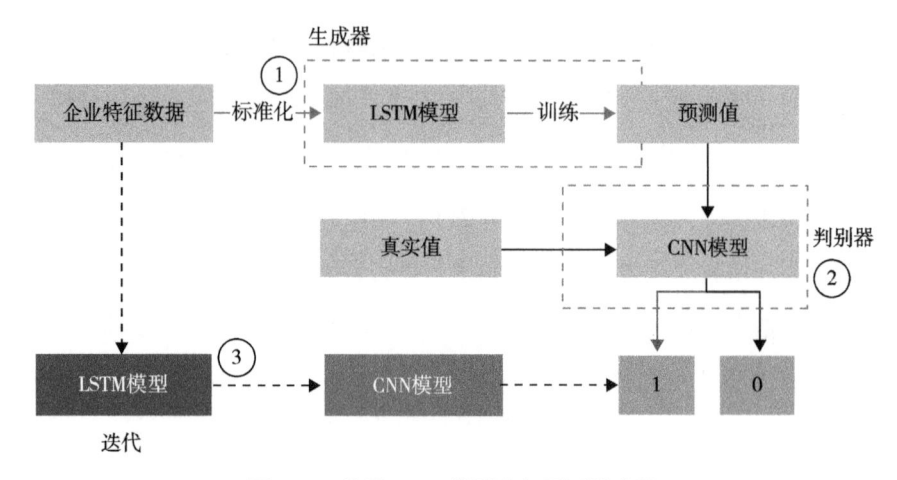

图 3-7 使用 GAN 模型进行预测的步骤

四、模型性能及经济机制比较

本节最后对上述提到的几类机器学习模型进行比较,主要分为解释性和预测性两个维度(见图 3-8)。

首先从预测角度来说,由于非线性模型在模型结构上通过分枝(树形模型)或激活函数(神经网络模型)引入了数据间的非线性关系,相比线性模型多了一个层级的信息补充,因此模型预测性能整体要强于线性模型。在非线性模型中,目前学术界对不同算法的性能表现尚有争议,如 Gu et al.(2020)发现神经网络模型表现好于树形模型,但同时也有一些研究认为随机森林模型在一些场景的预测能力更优。

而对于包含较少层数的浅层神经网络和含有更多层数的深度学习网络,两者在实证资产定价的性能表现同样没有定论,同样以 Gu et al.(2020)为例,作者发现包含 3 层隐藏层的浅层网络模型在预测精度上优于深度学习模型，但使用包含 4 层隐藏层的深度学习模型构建的多空投资组合的夏普比率反而更高。此外，Chen et al.（2020）使用了基于深度学习的生成式对抗网络构建 SDF 投资组合，发现其组合表现好于只使用长短期记忆网络模型的组合表现。

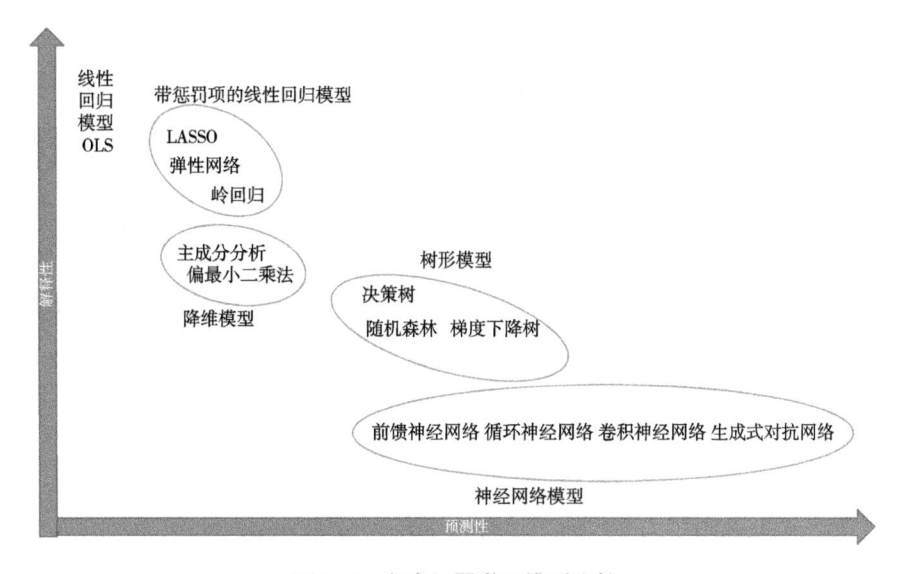

图 3-8　各类机器学习模型比较

线性模型中，由于缓解了过拟合问题，带有惩罚项的线性回归模型和降维模型在样本外表现要好于传统的线性回归模型。

与预测性相比，解释性体现了对于模型经济机制的剖析。线性模型的可解释性整体上好于非线性模型。以线性回归模型为例，模型回归系数的数值体现了自变量（定价特征）对于因变量（收益）的平均影响，而系数的显著性可用来衡量因子的有效性，因此基于回归模型可以直观地了解一个因子对于定价的作用。带惩罚项的线性回归模型同样具有良好的解释性，其中 LASSO 通过变量选择来体现出不同因子的重要度，而弹性网络和岭回归的解释性弱于 LASSO。降维模型 PCA 和 PLS 由于是基于数据集的潜在主成分来进行分析，直观度上不如线性回归模型，但通过比较主成分与各特征的相关性，也可在一定程度上完成经济性解释

（Kelly et al., 2019）。

受到其复杂结构影响，非线性模型的解释性较低，其中神经网络模型更被称为黑箱模型（black box），主要原因在于其非线性结构导致的逻辑关系的丢失。为了缓解可解释性问题，很多学者试图从其他角度来进行非线性模型的经济性解释如因子重要度等，而可解释性也是目前资产定价与人工智能学科交叉的研究重点。

总结上述讨论，非线性模型具有更好的预测性，但其经济解释性弱于线性模型。此外，在不同场景下，模型的表现会存在差异。本书后续部分也正基于此开展了讨论：各类模型在中国A股市场中的具体表现以及经济学解释。一方面，我们希望找到更适合中国市场的定价模型；另一方面，本书也试图从一些经济学的角度如微观和宏观机制等来解释模型的定价能力。

第三节　本章小节

本章对本书在实证中使用的数据和机器学习算法进行了介绍，数据方面使用了包括估值与成长、盈利、交易摩擦、无形资产、惯性等74个企业微观特征和包括居民消费指数在内的8个宏观变量，同时还介绍了缺省值的填充，截尾和标准化处理等数据预处理方法，在保证数据有效性的同时减弱噪声信息。模型构建方面介绍了本书使用的两个大类机器学习算法，包括带惩罚项的线性回归、降维模型、树形模型和神经网络类模型等，并重点给出了本书新构建的生成式对抗网络模型的实现框架和应用流程。此外，针对各类模型，本章还对其在金融市场尤其是资产定价领域的可解释性和预测性进行了比较。

第四章　机器学习与中国股市系统性风险测度——基于贝塔异象视角的研究

系统性风险测度和风险与收益之间的权衡关系是资本市场资产定价研究的核心问题。作为股票市场最著名的均衡定价理论，资本资产定价模型（CAPM）用市场贝塔（β）测度系统性风险，并指出高贝塔值的股票应该获得高收益，而低贝塔值的股票则对应着低收益。然而，近年来随着资产定价研究的深入，学者们发现实际市场中的情况并非如此，高贝塔值的股票组合往往呈现较低的收益，而低贝塔值的股票组合超额收益较高，即高贝塔股票其收益并不能弥补对应的系统性风险，这类现象被统称为"低风险定价之谜"。

解释低风险定价之谜的困难在于系统性风险测度贝塔本质上是不可以直接感测的。本章首先通过实证发现中国市场长期存在"高风险低收益"的情况，表明传统静态 CAPM 模型无法合理测度股市风险，在此基础上本章使用 666 个宏微观大数据集结合包括主成分分析、偏最小二乘法、弹性网络和随机森林等在内的机器学习算法构建了动态 CAPM 模型，发现模型可以显著解释贝塔异象并能较为准确的测度组合的系统性风险。而通过将异象进行拆解，发现低风险定价之谜产生的原因主要为市场收益水平变动风险和波动风险，中国市场中收益水平变动风险是导致异象产生的主要原因。其次本章研究了 Fama-French 三因子模型对于风险定价偏误的解释力，同样发现静态的 FF3 模型无法完全解释贝塔异象，而在引入基于机器学习的动态 FF3 模型后，定价偏误被解释。最后本章使用上证股票数据进行了稳健性检验，进一步佐证了研究结果。

第一节 理论模型和数据统计

一、基于机器学习的动态 CAPM 理论模型

首先重新回顾第二章提到的传统动态 CAPM 的构建方式，即 Ferson（1999）等学者构建的经典动态 CAPM 理论框架：

$$\alpha_{i,t} \equiv E(R_{i,t} \mid Z_{i,t-1}) - \beta_{i,t} E(R_{m,t} \mid Z_{i,t-1}) = 0 \quad (4.1)$$

其中 $Z_{i,t-1}$ 为上期已获知的条件信息，$E(R_{i,t} \mid Z_{i,t-1})$ 为第 i 只股票在第 t 期在信息集 $Z_{i,t-1}$ 下的条件预期收益，$E(R_{m,t} \mid Z_{i,t-1})$ 为市场组合在第 t 期的预期收益。

上述模型在引入时变动态 β 时，绝大多数传统研究文献仅仅使用小数据集和线性回归算法，在很大意义上忽视了宏微观混合大数据的信息含量，也忽视了因子降维、变量选择和非线性模型等前沿机器学习算法等能带来的更高的现实拟合力。考虑现有文献的缺陷和不足，本书构建了基于宏微观大数据和机器学习算法的中国股市动态 CAPM 模型：

$$R_{i,t} = a_i^C + (\beta_{i,0} + \beta_{i,1} f_t(Z_{i,t-1})) R_{m,t} + \mu_{i,t} \quad (4.2)$$

其中如果模型成立，则 $a_i^C = 0$，即没有错误定价。股市系统性风险使用时变贝塔测度：

$$\beta_{i,t} = \beta_{i,0} + \beta_{i,1} f_t(Z_{i,t-1}) \quad (4.3)$$

$\beta_{i,0}$ 为常数项，$\beta_{i,1}$ 是宏微观大数据 $Z_{i,t-1}$ 对股市系统性风险 $\beta_{i,t}$ 的影响系数。

本书考虑宏观经济指标 X_{t-1} 和每个企业的微观特征指标 $C_{i,t-1}$ 对 $\beta_{i,t}$ 的共同作用，所以设定预测变量 $Z_{i,t-1}$ 为宏微观变量的交叉乘积项：

$$Z_{i,t-1} = X_{t-1} \otimes C_{i,t-1} \quad (4.4)$$

其中，$C_{i,t-1}$ 为 $P_C \times 1$ 的企业微观特征矩阵，X_{t-1} 是 $P_X \times 1$ 宏观变量矩阵，最终的宏微观混合数据集 $Z_{i,t-1}$ 共有 $P_Z = P_C \times (P_X + 1)$ 个预测变量。本书中，我们参考了 Welch and Goyal（2008），Jiang et al.（2016）和陈国进等（2018）的研究，共考虑了 $P_X = 8$ 个宏观经济指标和 $P_C = 74$ 个微观企业特征，最后得到共 $P_Z = 666$ 个宏微观混合预测变量大数据集。

股市时变系统性风险 $\beta_{i,t}$ 测度公式（4.3）中的 $f_t(Z_{i,t-1})$ 是基于各位机器学习算法对宏微观混合大数据 $Z_{i,t-1}$ 进行信息提取得到线性和非线性函数。而在构建风险测度和因子定价模型时，通常希望引入更多的条件信息，实际中当我们考虑引入多个信息因子时，不仅要考虑因子之间的关系（如多重共线性），还要同时考虑引入的算法（如非线性）。传统方法往往受方法理论局限，面对大数据时无法进行良好的分析。本书使用机器学习进行大数据系统性风险建模，并构建多因子模型，为使 $a_i^C = 0$，将公式（4.2）展开后得到：

$$R_{i,t} = a_i^C + \beta_{i,0} R_{m,t} + \beta_{i,1} f_t(Z_{i,t-1}) R_{m,t} + \mu_{i,t} \tag{4.5}$$

图 4-1 所示为基于机器学习算法的动态 CAPM 模型建模流程图。

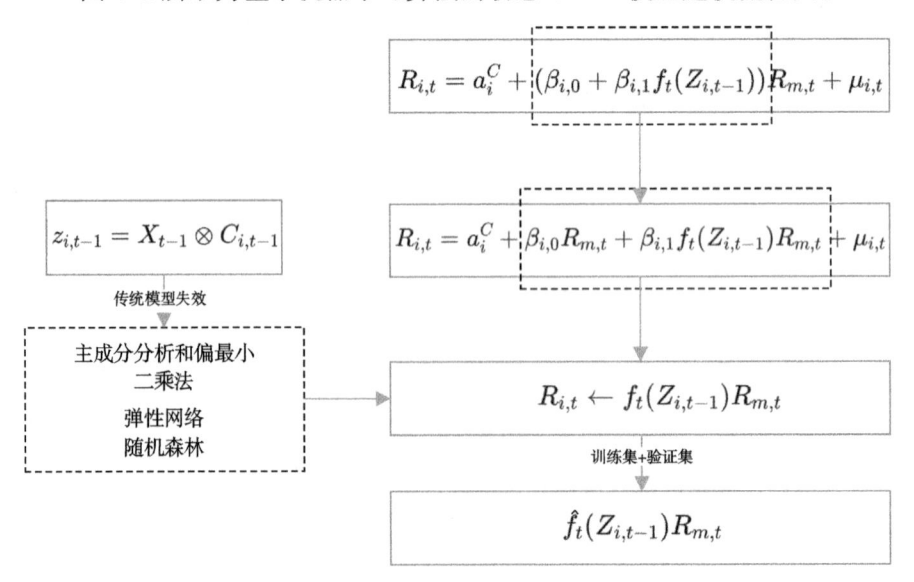

图 4-1　基于机器学习算法的动态 CAPM 模型建模流程

即模型可理解为各股上期条件信息与当期市场组合超额收益乘积 $Z_{i,t-1}R_{m,t}$ 对股票超额收益 $R_{i,t}$ 的预测问题。建模过程使用了训练集和验证集来选取最优参数，无论是主成分分析、偏最小二乘法还是弹性网络和随机森林模型，首先使用较远年限数据作为训练集拟合计算，并用较近年限数据作为验证集不断验证迭代参数并选择最优值，最终将最优参数代入当期各股变量计算即可得到各算法模型下对应各股的月度时变 β 值。

二、组合构建和样本统计

在每年 7 月初根据前 12 个月股票日度收益按照公式（4.6）计算得到的各股 β 值大小排序构建 10 个股票组合①。

$$r_{i,j} = a_i + \beta_{i,0}r_{m,j} + \beta_{i,1}r_{m,j-1} + \beta_{i,2}\left[\frac{r_{m,j-2} + r_{m,j-3} + r_{m,j-4}}{3}\right] + \varepsilon_{i,j} \quad (4.6)$$

其中，$r_{i,j}$ 为股票i当期超额收益，$r_{m,j}$ 为市场组合当期超额收益，$r_{m,j-1}$ 为市场组合上期超额收益，$r_{m,j-2} + r_{m,j-3} + r_{m,j-4}$ 为市场组合滞后2期到4期的超额收益之和，采用滞后项主要考虑市场信息扩散速率不一问题，最终 β 值为由式（4.7）计算得到的各项参数估计值之和：

$$\hat{\beta}_{i,t} = \hat{\beta}_{i,0} + \hat{\beta}_{i,1} + \hat{\beta}_{i,2} \quad (4.7)$$

组合构建完成后持有 12 个月直到下一年 6 月底，之后重新按照上述过程构建，最终得到 10 个组合的 2008 年 7 月至 2017 年 6 月的共 108 个月度收益数据。

表 4-1 报告了各组合的流通市值加权静态贝塔均值和收益均值与方差。高 β 组合（组合 6~10）收益均低于低 β 组合（组合 1~5），表明基于静态 CAPM 模型构建的风险指标无法合理解释我国股市收益，高风险股票无法获得相应高收益，且随着组合 β 增大，收益反而呈递减趋势，与

---

① 为保证构建的有效性，要求组合包含的每只股票每年度最少有 150 天的交易数据。

CAPM 模型预测相违背，因此我国股票市场存在低风险定价异象。

表 4-1　各组合收益均值和方差

组合	$\bar{\beta}$	收益均值（%）	收益方差	组合	$\bar{\beta}$	收益均值（%）	收益方差
1	0.52	0.52	0.0708	6	1.23	0.7467	0.0986
2	0.83	0.83	0.0831	7	1.31	0.7545	0.0983
3	0.96	0.96	0.0919	8	1.40	0.5750	0.0951
4	1.06	1.06	0.0933	9	1.52	0.6416	0.1053
5	1.15	1.15	0.0956	10	1.80	0.4986	0.1115

为了进一步地探究 β 对组合收益影响的显著性，我们在样本期每个月（2008 年 7 月至 2017 年 6 月）使用公式（4.8）对上述得到的组合收益 $R_{i,t}$ 和估计的 $\hat{\beta}_{i,t}$ 进行横截面回归：

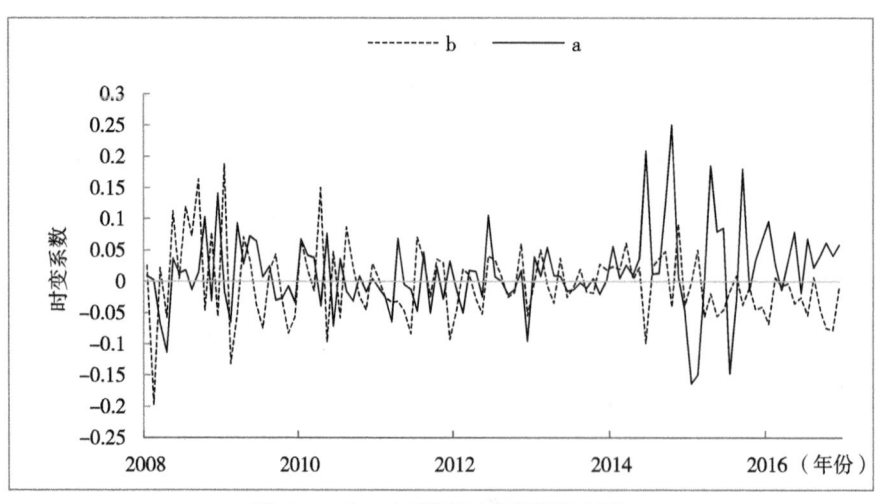

$$R_{i,t} = a_t + b_t \hat{\beta}_{i,t} + \mu_{i,t} \quad (4.8)$$

图 4-2　CAPM 模型时变截距和斜率

图 4-2 报告了公式（4.8）估计的时变截距 a_t 和斜率 b_t，其中 a_t 均值为 0.012，t 检验 1.80，在 10% 水平内显著；b_t 均值为 –0.0035，t 检验 –0.61。b 值为负但不显著，说明国内股票市场 CAPM 模型存在斜率过于平坦的现象，a_t 显著为正表明存在组合套利，即通过买入低 β 组合卖

出高 β 组合可以长期获得超额利润。

我们接着选取组合 10（H）和组合 1（L）时序收益，利用公式（4.9）进一步分析了静态 CAPM 模型的时间序列定价表现：

$$R_{i,t} = a_i + \beta_i R_m + \mu_{i,t} \tag{4.9}$$

其中，$R_{i,t}$ 和 R_m 分别为组合 i 和市场组合的超额收益。

表 4-2 报告了静态 CAPM 模型下的拟合结果。H 组合样本区间内 β 估计值为 1.26，L 组合为 0.79，高 β 组合（H 组合）相对低 β 组合（L 组合）有着明显的负超额收益 α，而通过做多 H 组并卖空 L 组，多空 HL 组合每月的超额收益为 –0.86%（年化为 –10.32%），在水平 5% 内显著，说明静态 CAPM 模型无法解释贝塔"异象"。

表 4-2 HL 组合静态 CAPM 模型回归拟合结果

组合	α（%）	β	R^2
H	–0.49 （–1.30）	1.26 （28.0）	0.88
L	0.37 （1.46）	0.79 （25.6）	0.86
HL	–0.86 （–1.59）		

第二节　基于机器学习的动态 CAPM 模型

同样选取上述 H 和 L 组合时序收益数据构建基于机器学习的动态 CAPM 模型，起始训练期窗口从 2003 年 7 月到 2006 年 6 月共 36 个月，验证期为 2006 年 7 月到 2008 年 7 月共 25 个月，首期月度时变 β 估计月为 2008 年 7 月，之后随着样本外数据推移，验证期窗口和训练期窗口滚动移动，最终得到样本外区间为 2008 年 7 月至 2017 年 6 月共 108 个月的数据。

表 4-3 报告了 H 组合和 L 组合在不同算法下动态 CAPM 模型下回归参数及其 t 值，以及卖空 H 组合并买多 L 组合产生的超额收益 α 及其 t 值（表中 HL 行），同时为了便于比较给出静态 CAPM 模型的拟合数据。其中表中 "$f_t(Z_{i,t-1})R_{m,t}$" 项为各算法利用公式（4.5）计算得到的 $f_t(Z_{i,t-1})R_{m,t}$ 的回归系数。

表 4-3　静态和基于机器学习动态 CAPM 模型比较

模型		α（%）	p	$R_{m,t}$	$f_t(Z_{i,t-1})R_{m,t}$	R^2
静态模型	H	−0.49 (−1.30)		1.26 (28.0)		0.88
	L	0.37 (1.46)		0.79 (25.6)		0.86
	HL	−0.86 (−1.59)	n/a			
PCA	H	−0.55 (−1.37)		1.20 (8.65)	0.05 (0.44)	0.88
	L	−0.22 (−0.88)		0.60 (14.1)	0.40 (5.89)	0.89
	HL	−0.33 (−0.68)	<0.001			
PLS	H	0.00 (0.00)		0.58 (6.32)	0.57 (8.02)	0.92
	L	0.21 (0.85)		0.67 (13.9)	0.22 (3.30)	0.87
	HL	−0.21 (−0.47)	0.004			
EN+H	H	−0.26 (−3.03)		0.01 (0.54)	0.99 (44.5)	0.99
	L	−0.19 (−2.21)		0.05 (1.69)	0.95 (30.2)	0.98
	HL	−0.07 (−0.75)	0.06			

续表

模型		α（%）	p	$R_{m,t}$	$f_t(Z_{i,t-1})R_{m,t}$	R^2
RF	H	0.18 （0.80）		0.23 （3.0）	0.97 （14.0）	0.95
	L	0.15 （0.57）		0.69 （12.9）	0.20 （2.35）	0.87
	HL	0.03 （0.06）	0.002			

首先，表 4-3 显示基于主成分分析（PCA）和偏最小二乘法（PLS）的动态 CAPM 模型的 HL 组合月度超额收益为不显著，分别为 -0.33% 和 -0.21%（t 值为 -0.68 和 -0.47）。其中 PLS 模型 H 组合超额收益由 -0.49% 变为 0.00%，L 组合由 0.37% 变为 0.21%，模型对 H 组合 β 改善要高于 L 组合，HL 组合超额收益减少了近 80%。我们还使用单边显著性检验比较各动态模型多空组合超额收益与静态模型多空组合超额收益的大小，并在表 4-3 中给出了单边检验的 p 值。PCA 模型 p 值为小于 0.001，PLS 模型为 0.004，在 1% 显著水平内显著小于静态模型。

其次，带有惩罚项的弹性网络算法（EN）构建的动态模型 HL 组合月度超额收益为 -0.07%（t 值为 -0.75），p 值为 0.06，模型拟合优度 R^2 为 0.99 和 0.98，相比静态模型提升明显。

最后，报告了随机森林（RF）模型分析结果。模型的 HL 组合月度超额收益变为不显著的 0.03%（t 值为 0.06），相较静态模型减少近 96%（p 值为 0.002），模型表现优于上述线性模型，组合拟合优度 R^2 为 0.95 和 0.87，高于静态模型。综上，引入动态 CAPM 模型可以解释股票市场低风险定价异象，随机森林等非线性模型表现得尤其好。

图 4-3 报告 4 类动态 CAPM 模型中 H 和 L 组合的 β 时序图，相比 PCA 和 PLS，弹性网络和随机森林模型 H 组合 β 波动剧烈，而 L 组合中随机森林模型 β 波动较小，整体更符合实际，其最终表现也要优于其他

三类线性模型。

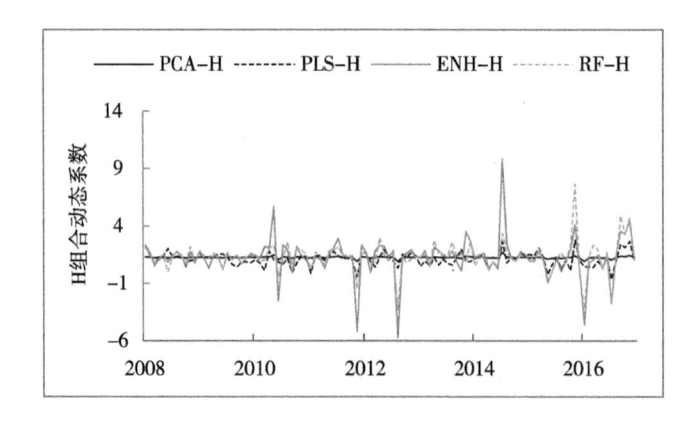

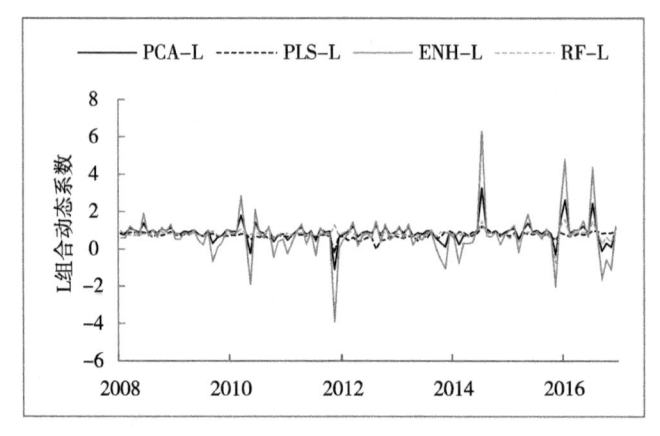

图 4-3　动态 CAPM 模型中 H 和 L 组合的 β_i 时序图

图 4-4 给出了各模型复杂程度。主成分分析（PCA）和偏最小二乘法（PLS）给出的是在样本周期内模型降维后的维度数时序图，维度均值分别为 48 和 39，PCA 使用信息维度高于 PLS 但模型表现力较差，进一步验证了 PLS 优于 PCA 对"噪声"数据的控制力。弹性网络模型给出的是使用的变量数的时序图，可以发现模型使用的变量指标在 40~250 之间波动，在 2012—2015 年变量数相较其他时期明显增大，2012 年正逢我国股市大力改革时期，市场有效性提高、各类信息的使用率也在上升。我们还统计了随机森林模型的模型深度时序图，可以发现最优深度在 32~50

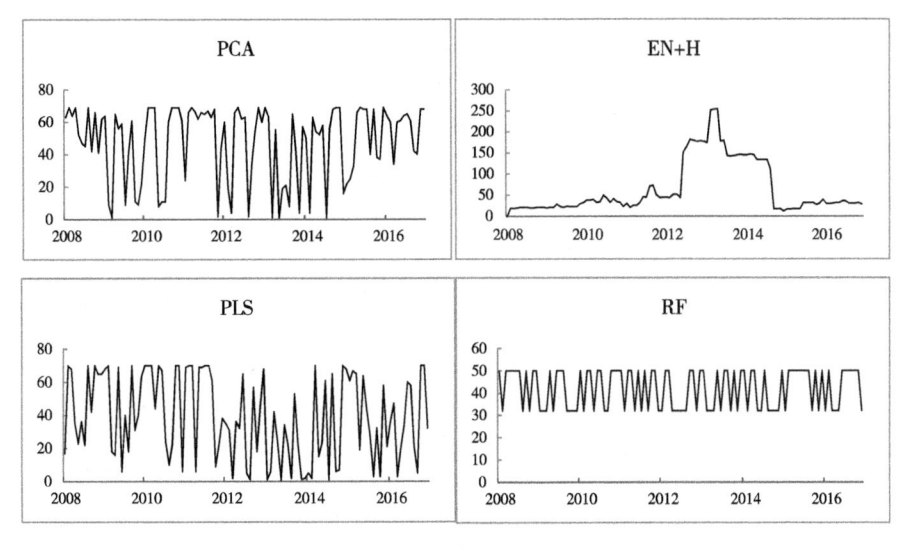

之间波动，这说明模型深度加大会导致过拟合，而过浅会影响预测效果。

图 4-4 各类机器学习模型复杂度比较

图 4-5 报告了样本周期内随机森林模型使用的各因子平均重要度，横向为 8 类宏观因子，纵向为 74 类微观因子，交叉块颜色越深代表合成因子的重要度越高，因子后的数字代表相比同类因子的重要度。重要度的计算同样参考 Gu et al.（2020）。

研究发现，最重要的 1 个宏观因子为市场换手率 TO；最重要的 5 个微观因子为一个月动量 MOM1、日度换手率 TURN、销售库存增长差 SMI、日度换手率标准差 STD_TURN 和销售库存比 SI。5 个重要微观因子具体分析如下。

首先，动量效应作为经典的市场异象学者们对其进行了长期的研究，主要从传统风险收益模型和行为金融两个方向，但包括 Fama-French 因子模型在内至今没有形成统一的解释。动量效应仍存在于众多股票市场中，对于中国市场我们通常认为存在短期的动量效应和中长期的反转效应，这与我国股票市场短期投资者如散户、游资等占比较大有关，因而相比其他动量因子，一个月动量（MOM1）具有更好的解释能力，股票短期内持续的高收益状态内含了其高的风险状态，因而对动态 β 具有显著的解释预测作用。

其次，换手率（TURN）通常用来反映市场流动性，换手率越高表示股票交投活跃，流动性好，变现能力强，投资者更倾向于购买这类股票，目前我国股票市场大多数股票的日换手率在 1%~2.5%，长期稳定的高换手率代表了企业在股票市场的稳定性，投资者对其要求较低的风险溢价补偿。但频繁变动的换手率（STD_TURN）如突然放大往往伴随着较大的波动风险和投机风险，这类投机倾向严重的股票包含了高的风险预期。

最后，销售和库存的变动代表了公司的周转能力，同行业优良的企业具有将产品快速变现的能力，周转期的缩短增强了企业抵御风险的能力，降低了企业风险。同时无论是销售库存比（SI）还是销售与库存增长额差值（SMI）均反映了企业的运营状态和其基本面价值，根据绝对定价模型我们可以将企业现值分解为未来现金流和要求回报率的乘积，企业 β 值越大，折现率越高，其现值越低，进一步反映在 SI 和 SMI 因子上解释了其对动态 β 的预测能力。

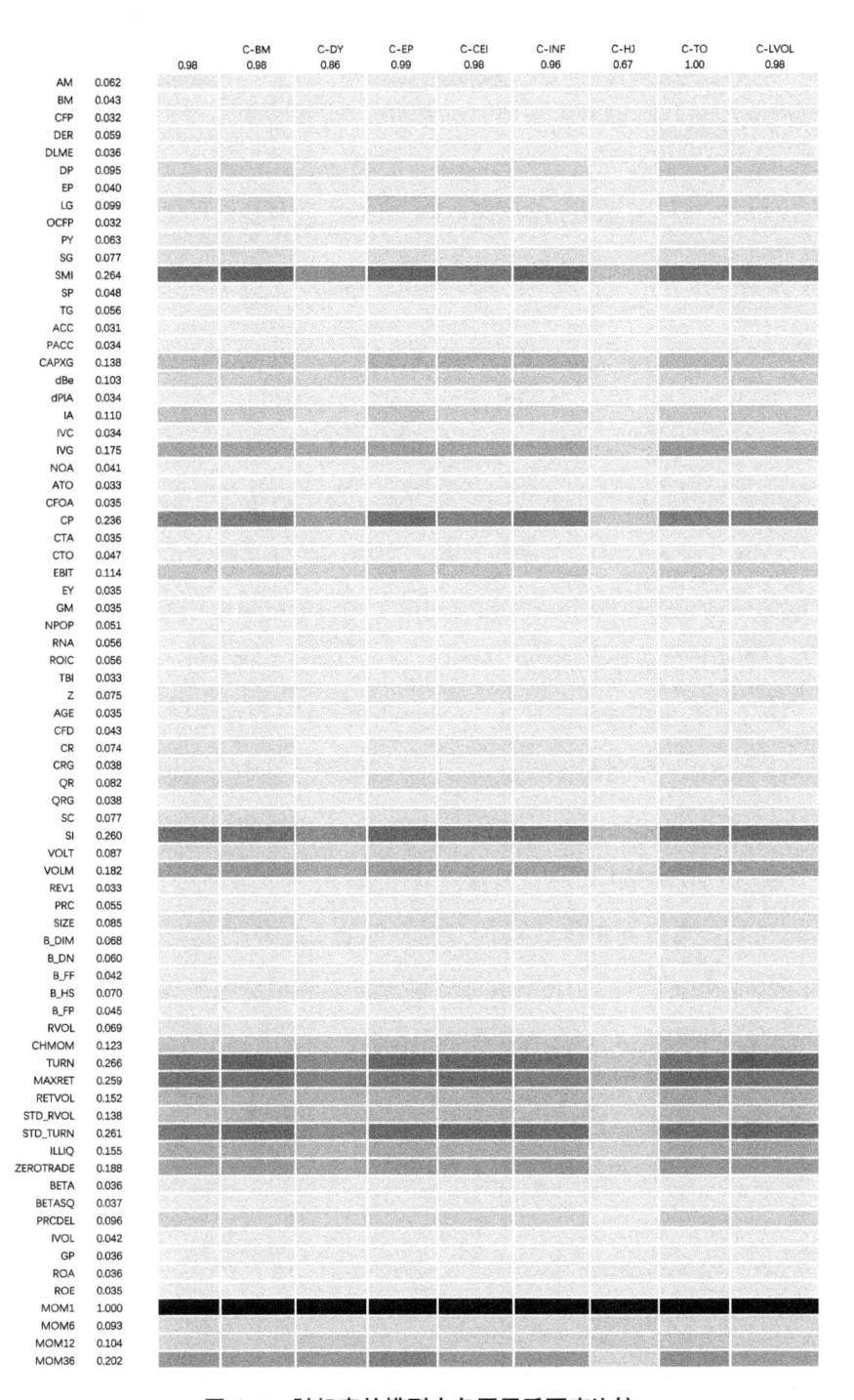

第四章 机器学习与中国股市系统性风险测度——基于贝塔异象视角的研究

图 4-5 随机森林模型中各因子重要度比较

由上述分析可以发现，市场波动对动态 β 具有较好的解释能力，Cederburg and O'Doherty（2016）认为动态 β 主要受到时变市场风险水平和时变市场波动两类因素影响，进一步研究动态 CAPM 模型对超额收益的改善原因，我们将静态模型超额收益与动态模型超额收益的差值即风险定价偏误分解为如下两部分（Boguth，2011）：

$$a_i^U - a_i^C = (1+\frac{\bar{R}_{m,t}^2}{\sigma_m^2})Cov(\beta_{i,t},R_{m,t}) - \frac{\bar{R}_{m,t}}{\sigma_m^2}Cov(\beta_{i,t},R_{m,t}^2) \quad (4.10)$$

其中 $\beta_{i,t}$ 为模型动态 β，$R_{m,t}$ 为市场组合超额收益，$\bar{R}_{m,t}$ 和 σ_m^2 分别为市场组合超额收益的无条件均值和方差，等式右边第一部分反映了市场组合超额收益变动对收益差的解释，而第二部分反映了市场波动率变化的影响。按照公式（4.10）我们将由基于随机森林模型计算得到的超额收益与静态模型的超额收益进行分解来研究两类影响的大小。

表 4-4 给出高 β 组合（H）、低 β 组合（L）和多空组合（HL）中市场风险和波动风险对超额收益 $\alpha_i^U - \alpha_i^C$ 的影响，其中市场组合超额收益变动对 HL 超额收益产生负向影响（−1.78%），市场波动变动风险同样产生负向影响（−0.89%）但小于前者。举例来说，考虑市场收益变动的影响，对于 H 组合当市场整体收益上升时，静态 CAPM 模型会高估组合收益（−1.62%），也可解释为市场在乐观情绪下对高风险类股票产生过高的期望，而相反会低估 L 组合的收益（0.16%）。

表 4-4 动态模型对超额收益的分解

组合	收益水平变动（%） $(1+\frac{\bar{R}_{m,t}^2}{\sigma_m^2})Cov(\beta_{i,t},R_{m,t})$	—	波动率变动（%） $\frac{\bar{R}_{m,t}}{\sigma_m^2}Cov(\beta_{i,t},R_{m,t}^2)$	=	Total	=	a_i^U	−	a_i^C
H	−1.62		−0.95		−0.67		−0.49		0.18
L	0.16		−0.06		0.22		0.37		0.15
HL	−1.78		−0.89		−0.89		−0.86		0.03

总结上述分析，动态 CAPM 模型相比静态 CAPM 模型有效改善了风

险定价偏误,换言之前者可以更好地表达风险—收益的关系,不同的机器学习方法对模型的优化程度不同,其中线性的弹性网络方法和非线性的随机森林方法均有良好表现。下节将进一步研究分析包含多个风险暴露如 Fama-French 三因子模型等多因子模型对风险定价异象的解释力。

第三节 基于 Fama-French 三因子模型的探讨

本节进一步研究 Fama-French 三因子模型(以下简称"FF3")对风险定价之谜的解释力。作为经典的多因子模型,FF3 模型在实证中有着广泛的应用并解决了众多的金融异象,但同时 Fama and French(1992,2006)提到在引入规模因子 SMB 和价值因子 HML 后,收益—风险线相较于 CAPM 变得更为平坦。针对中国股票市场在第三节的研究框架上考虑 FF3 模型的表现。

同样的将模型分为静态和动态两类进行研究。其中静态模型即为传统的 FF3 模型,而与 CAPM 类似,动态 FF3 模型分别设定各因子具有动态的回归参数(公式 4.11),并以此为基础考虑多空组合各自线性回归得到的条件超额收益 a_i^C。

$$R_{i,\tau} = a_i^C + (\lambda_{i,0} + \lambda_{i,1}^{'} Z_{i,\tau-1}^{\lambda})R_{m,\tau} + (\theta_{i,0} + \theta_{i,1}^{'} Z_{i,\tau-1}^{\theta})R_{smb,\tau} \\ + (\eta_{i,0} + \eta_{i,1}^{'} Z_{i,\tau-1}^{\eta})R_{hml,\tau} + \mu_{i,\tau} \quad (4.11)$$

类似的,$Z_{i,\tau-1}$ 为包含条件信息的宏微观变量集,对于不同的因子设定不同的拟合参数。考虑到模型相较于 CAPM 的复杂程度,我们将第三节中原训练集加长,设置起始训练期窗口从 2002 年 7 月到 2005 年 12 月共 42 个月,验证期为 2006 年 1 月到 2008 年 7 月共 31 个月,之后随着样本外数据推移,验证期窗口不变,训练期窗口每次增加一个月,最终得到样本外区间为 2008 年 7 月至 2017 年 6 月。样本中的价值因子和规模因子引自中国资产管理研究中心对应实证样本周期的数据。具体分析结果见表 4–5。

表 4–5 静态和基于机器学习的动态 Fama–French 三因子模型拟合结果

模型		a	p	Rm		SMB		HML		R^2
				1	IV	1	IV	1	IV	
静态模型	H	−0.53 (−1.2)		1.24 (23.0)		−0.06 (−0.5)		−0.13 (−1.0)		0.85
	L	0.23 (0.78)		0.76 (22.0)		0.16 (1.9)		0.19 (2.3)		0.84
	HL	−0.76 (−1.4)	n/a							
PCA	H	−0.33 (−0.3)		1.37 (13.8)	−0.13 (−1.5)	−0.06 (−0.47)	−0.03 (−0.08)	−0.10 (−0.67)	0.03 (0.12)	0.86
	L	−0.33 (−0.7)		0.67 (18.7)	0.30 (5.1)	0.11 (1.54)	−0.01 (−0.03)	0.13 (1.61)	0.13 (0.72)	0.88
	HL	0.00 (0.00)	0.00							
RF	H	0.58 (−0.5)		1.36 (22.2)	−0.12 (−1.9)	−0.05 (−0.43)	0.05 (0.90)	−0.07 (−0.56)	0.09 (0.54)	0.85
	L	−0.25 (−0.8)		0.60 (13.2)	0.25 (2.8)	0.05 (0.60)	0.25 (2.27)	0.12 (1.62)	0.06 (0.72)	0.88
	HL	−0.33 (−0.7)	0.001							

相比于 CAPM 模型，在加入 SMB 和 HML 因子后，FF3 模型解释了一部分贝塔异象 HL 多空组合月度超额收益为 −0.76%（t 值为 −1.4，在 10% 水平内显著），同样本周期 CAPM 模型 HL 多空组合超额收益为 −1.07%（在 5% 水平内显著）。基于静态模型超额收益的显著结果，我们考虑动态 FF3 模型来做进一步解释，表中模型二为使用 PCA 模型构建动态 FF3 模型的参数估计结果。可以发现 HL 多空组合超额收益迅速减少为 0，其中 H 组合和 L 组合超额收益均变为 −0.33%，模型拟合优度上升至 0.86 和 0.88，表明基于 PCA 的动态模型完全消除了贝塔异象。而模型三

使用了随机森林算法也取得了良好的效果，H 组合和 L 组合超额收益变为 –0.58% 和 –0.25%（t 值为 –0.5 和 –0.8），两者构建的多空组合超额收益缩小为 –0.33%（t 检验为 –0.7，在 10% 水平内不显著），相较于静态模型变为不显著（p 值小于 0.001），说明模型三也成功削弱了贝塔异象。

将无条件 FF3 超额收益与条件 FF3 超额收益的差值进行分解研究来分析各类因子对贝塔异象的解释能力，具体见公式（4.12）。其中 $\hat{\beta}^U$、$\hat{s}^U$ 和 $\hat{h}^U$ 为静态 FF3 模型三因子的拟合参数，$\hat{\beta}^{IV}$、$\hat{s}^{IV}$ 和 $\hat{h}^{IV}$ 为动态 FF3 模型对应的因子参数，因而等式右边三部分分别对应了三个风险因子对 $\hat{\alpha}_i^U - \hat{\alpha}_i^{IV}$ 的解释力。

$$\hat{\alpha}_i^U - \hat{\alpha}_i^{IV} = \frac{1}{T}(\sum_{\tau=1}^T \hat{\beta}_{i,\tau}^{IV} R_{m,\tau} - \hat{\beta}_{i,\tau}^U \sum_{\tau=1}^T R_{m,\tau})$$
$$+ \frac{1}{T}(\sum_{\tau=1}^T \hat{s}_{i,\tau}^{IV} R_{smb,\tau} - \hat{s}_{i,\tau}^U \sum_{\tau=1}^T R_{smb,\tau}) \quad (4.12)$$
$$+ \frac{1}{T}(\sum_{\tau=1}^T \hat{h}_{i,\tau}^{IV} R_{hml,\tau} - \hat{h}_{i,\tau}^U \sum_{\tau=1}^T R_{hml,\tau})$$

表 4-6 给出了静态 FF3 模型和基于 PCA 的动态 FF3 模型比较结果。可以看出动态 FF3 模型整体解释的贝塔异象中（–0.76%），市场组合因子解释了其中的 91%（–0.69%），而规模因子 SMB 和价值因子 HML 解释了其余的 9%，远小于市场组合因子。在加入两个新的因子后，相比于 CAPM，FF3 模型对于贝塔异象的解释力提升较弱。

表 4-6　Fama-French 三因子模型对风险定价偏误的分解说明

组合	市场组合因子	+	规模因子	+	价值因子	=	Total	=	a_i^U	–	a_i^{IV}
H	–0.19		–0.05		0.04		–0.20		–0.53		–0.33
L	0.50		–0.16		0.22		0.56		0.23		–0.33
HL	–0.69		0.11		–0.18		–0.76		–0.76		–0.00

第四节　稳健性检验

在稳健性检验中，选取上海证券交易所发行的所有 A 股股票作为子样本进行检验。样本周期不变，同样为 2008 年 7 月至 2017 年 6 月，实证结果见表 4-7。可以发现上证 A 股市场同样存在风险定价之谜，静态 CAPM 模型中 H 组合和 L 组合的贝塔值分别为 1.24 和 0.77，模型二和模型三分别采用了 PCA 和随机森林算法构建动态 CAPM 模型，可以发现针对上证市场，随机森林表现要优于 PCA（–0.53 和 –0.63），两类模型均显著减少了贝塔异象（p 值为 0.033 和 0.026），在拟合优度方面也有所提升（最高值为 0.90 和 0.84）。

表 4-7　上证市场中静态和基于机器学习的动态 CAPM 模型拟合结果

模型		a	p	Rm 1	Rm IV	R
静态模型	H	–0.61 （–1.61）		1.24 （28.0）		0.88
	L	0.29 （0.94）		0.77 （21.6）		0.80
	HL	–0.90 （–1.89）	n/a			
PCA	H	–0.26 （–1.67）		1.38 （21.5）	–0.18 （–2.91）	0.89
	L	0.37 （1.14）		0.78 （19.2）	–0.04 （–0.74）	0.80
	HL	–0.63 （–2.85）	0.026			
RF	H	–0.70 （–2.12）		0.86 （10.8）	0.50 （5.5）	0.90
	L	–0.17 （–0.60）		0.50 （12.2）	0.52 （3.05）	0.84
	HL	–0.53 （–1.85）	0.033			

第五节 本章小结

防范金融市场风险，构建金融安全需要以度量风险为基础。本章以中国股票市场系统性风险测度为出发点研究了各类基于机器学习的风险测度模型的表现，并以此探讨了低风险定价之谜。我们基于月度数据研究了静态 CAPM 模型对风险补偿收益的解释力，发现国内股票市场长期存在 CAPM 模型斜率 β 过于平坦和截距 α 显著大于 0 的现象。使用基于机器学习的动态 CAPM 模型后显著降低了定价偏误（最高降低了 96%），此外，本书对机器学习中使用的大数据进行了重要度分析并对各个机器学习模型的复杂度进行了研究。低风险定价之谜产生原因为市场收益水平变动风险和波动风险，本书发现中国市场中收益水平变动风险是导致异象产生的主要原因。

资产定价模型中的斜率代表了股票或者组合的系统性风险，我们通过机器学习算法结合大数据构建了动态的 β 值，成功地减弱了低风险定价之谜，我们有理由相信使用本书构建的风险测度模型同样可以解决或部分解决目前仍存在的其他各类市场异象。同时人工智能作为未来学术和工业界的重点研究方向，通过结合金融大数据，对于市场监管者可以更好地捕捉市场波动和各类尾部风险，并依次制定合适的政策；对于投资者可以按照自身风险承受能力构建合理的投资组合，做到最大化目标收益。

本章的研究结果同样具有政策启示：第一，我国股票市场显著存在着高风险低收益的状况，投资者对于风险的认识不足，对于以散户作为主要投资者的市场，监管机构要加强市场风险提示，尽可能地杜绝市场炒作引发的过度投机现象；第二，在使用大数据构建系统风险指标时，可以发现动量、换手率和企业运营情况对企业系统性风险影响最大，监管者在防范金融风险时要较多地留意投机类股票，关注市场资金流向，减少操纵市场的行为，构建合适的退市机制，对于常年亏损的企业实行有效的监管；第三，相比于市场波动，市场组合收益的变动会导致更大的定价偏误，监管机构在考虑股票市场风险时可以更多地关注市场收益情况，对于大幅度的市场收益变动要实施相应的风险管控举措。

第五章 基于机器学习的中国股市收益预测研究

机器学习与资产定价：A 股市场收益预测及特征分析研究

　　随着越来越多代表市场异象的因子被提出，对于多维数据的使用和有效信息的提取成为近年资产定价研究的重点。一方面，部分学者从各类异象的有效性和相互间的信息重叠角度考虑，试图从大量因子中找出可以持续获得超额收益的少数定价因子；另一方面，越来越多的研究尝试使用机器学习模型进行预测和定价（Gu et al., 2020；Feng et al., 2018；姜富伟等，2019）。相比样本内的解释性，定价模型的样本外预测性更为重要，许多在样本内显著有效的特征在样本外均表现不佳甚至失去定价能力。而对于如何将机器学习应用于股票收益率预测，现有的学术研究还没有形成比较完整的框架，尚处于起步和探索的阶段。此外，目前学术界相关讨论主要集中在国外成熟市场，针对中国股票市场的预测研究仍然较少。

　　本章将研究视角着眼于中国 A 股市场的可预测性上，并构建了较为完整的研究框架。首先，比较了各类机器学习算法在个股横截面的预测能力，考察了不同样本下的实证结果。其次，基于横截面的预测结果，进一步从投资组合角度出发分析了各模型在组合层面的预测能力，并分为时序和横截面视角，时序视角考察了算法模型对于整体市场的预测能力，而横截面视角则着重于预测收益的横截面差异。相比个股预测，通过构建投资组合可以减少噪声信息的影响，更好地挖掘特征因子对于定价的贡献。

　　本章在研究过程中还突出了非线性算法尤其是生成式对抗网络这一深度学习模型的优异特性。相比国外成熟市场，中国股票市场散户参与度较高，市场波动性更大，把握市场的动态变化需要更"快"且精准的模型学习能力，GAN 模型特有的判别器系统带来更为动态的模型适应性，在面对新一期的样本数据时，不仅通过生成器中的记忆单元保留了旧有时序数据的趋势项，同时通过判别器引入新的预测信息。实证中相比线性模型以及其他非线性模型，GAN 模型在不同样本期具有更高的预测能力。

第一节　个股横截面收益预测

一、数据描述

本章在进行预测分析时主要使用了第三章介绍的 74 个企业的基本面指标和个股对应的收益数据，其中基本面指标为标准化后的面板数据。对于个股而言，其所属行业会显著影响其基本面结构，因此我们同步构建了各指标的行业均值指标。数据跨度从 2003 年 1 月至 2017 年 12 月。

在设定训练集和验证集时采用了扩展窗口（expanding windows）法，具体来说，设定样本初始训练集为 2003 年 1 月至 2006 年 12 月，初始验证集为 2007 年 1 月至 2008 年 12 月，利用得到的预测模型估计样本期为 2009 年 1 月至 2009 年 12 月的股票收益；之后每年初保持验证集和测试集长度不变，训练集长度增加一年，最终得到 2009 年 1 月至 2017 年 12 月共 108 个月的样本外预测数据，如图 5-1 所示。

第一期	2003	2004	2005	2006	2007	2008	2009
	训练集				验证集		预测集

第二期	2003	2004	2005	2006	2007	2008	2009	2010
	训练集			……		验证集		预测集

图 5-1　训练集、验证集与预测集窗口结构

为了反映各模型的预测能力，本书构建了样本外预测精度指标 R^2：

$$R^2 = 1 - \frac{\sum_{t=1}^{T}\sum_{i=1}^{N_t}(r_{i,t}-\hat{r}_{i,t})^2}{\sum_{t=1}^{T}\sum_{i=1}^{N_t}r_{i,t}^2} \quad (5.1)$$

其中，$r_{i,t}$ 和 $\hat{r}_{i,t}$ 分别为各期股票或组合的实际和预测收益值，R^2 取值范围为 $(-\infty,1]$，其值越高表明模型预测能力越好，当模型完整预测各期股票收益时 $R^2=1$。

二、收益预测实证——线性模型

本节使用的线性类机器学习模型包括最小二乘法线性回归 OLS、LASSO、岭回归 RIDGE、弹性网络 ENet、主成分分析 PCA 和偏最小二乘法 PLS。表 5-1 给出了线性机器学习模型的样本外 R^2。表中的 t 值和 p 值为各机器学习算法与 OLS 月度 R^2 差异的显著性指标。

表 5-1　线性模型样本外预测 R^2

		OLS	LASSO	RIDGE	ENet	PCA	PLS
all	R^2	−5.21	0.20	0.21	0.23	0.36	0.37
	T 值		1.62	1.67	1.68	2.62	2.68
	P 值		0.05	0.05	0.05	0	0
top500	R^2	−6.40	0.16	0.16	0.20	0.18	0.15
	T 值		1.92	1.95	2.01	2.78	2.01
	P 值		0.03	0.03	0.02	0.02	0.02
bottom500	R^2	−3.35	0.25	0.29	0.28	0.54	0.56
	T 值		2.28	2.36	2.37	1.94	2.32
	P 值		0	0	0	0.03	0

线性回归模型 R^2 为负值，表明模型预测能力低于随机游走模型。除线性回归模型外，其他机器学习算法的预测精度均为正值，且相比线性

回归均在 5% 的显著性水平内显著，可以认为，线性的机器学习算法能够缓解 OLS 模型的过度拟合问题，并可以有效利用数据信息完成预测。各类模型间，引入惩罚项的三类算法预测水平接近，其中弹性网络算法 R^2 达到了 0.23%，高于 LASSO 和 RIDGE，表明同时进行变量筛选和变量收缩相比单一算法可以提高预测能力。主成分分析和偏最小二乘法预测精度分别为 0.36% 和 0.37%，高于弹性网络模型。值得注意的是，两类模型的 t 值均在 1% 的显著性水平内显著。

进一步验证模型的预测能力，表 5-1 同时展示了按月选取市值最大（top500）和最小（bottom500）的 500 只股票子样本预测结果。与全样本结果相似，OLS 模型表现为负，其他各类模型均展现了一定的预测能力。Top500 样本中，各模型预测能力相比全样本出现了一定的下降，其中 PCA 和 PLS 下降程度较大，且 t 值显著性也低于全样本。与之相对应的是 bottom500 样本中的预测结果好于全样本，即线性模型对于小市值的股票的预测能力相对更强。

三、收益预测实证——非线性模型

表 5-2 给出了非线性机器学习模型的 R^2，使用的算法包括增强梯度回归树 GBRT、随机森林 RF，包含一层到四层隐藏层的前馈式神经网络 FFN1、FFN2、FFN3、FFN4，包含一层到四层隐藏层的长短期记忆网络 LSTM1、LSTM2、LSTM3、LSTM4 以及生成式对抗网络 GAN，表中的 t 值和 p 值为各机器学习算法与 OLS 月度 R^2 差异的显著性指标。

表 5-2　非线性模型样本外预测 R^2

		GBRT	RF	FFN1	FFN2	FFN3	FFN4	LSTM1	LSTM2	LSTM3	LSTM4	GAN
all	R^2	0.40	0.46	0.51	0.56	0.59	0.56	0.58	0.64	0.65	0.71	0.89
	T值	2.61	2.99	2.58	2.62	2.74	2.77	3.3	4.06	2.45	2.88	4.13
	P值	0	0	0	0	0	0	0	0.01	0	0	0
top500	R^2	0.21	0.35	0.43	0.42	0.46	0.52	0.56	0.56	0.59	0.60	0.71
	T值	2.04	2.73	2.26	2.23	1.78	3.53	4.05	4.36	3.15	3.35	3.69
	P值	0.03	0	0.01	0.01	0.04	0	0	0	0	0	0
bottom500	R^2	0.63	0.66	0.83	0.93	0.89	0.84	1.04	1.23	1.01	1.39	1.42
	T值	2.79	3.13	2.79	2.95	2.17	2.49	2.98	3.71	2.19	2.76	3.01
	P值	0	0	0	0	0.01	0	0	0.01	0	0	0

由于考虑了变量间的非线性信息，非线性模型整体上表现好于线性模型。其中两类树形模型的 R^2 达到了 0.40% 和 0.46%，小市值样本中的预测精度同样高于大市值样本。神经网络模型中，GAN 模型表现最优，其次是 LSTM 和 FFN 模型。FFN 模型中多层网络要优于浅层网络，其中三层网络 R^2 为 0.59%，多层网络带来了更高的复杂度，但同样也增加了过拟合的风险。相比 FFN 和 LSTM 模型引入了数据的时序特征，四层 LSTM 模型 R^2 达到了 0.71%，高于浅层 LSTM。最后的 GAN 模型相比 LSTM 进一步增加了动态的"学习特征"，R^2 达到了最高的 0.89%。在 top500 和 bottom500 子样本中，非线性模型的变化近似于线性模型，即对于小市值股票具有更高的预测能力，其中表现最好的仍为 GAN 模型。

四、模型比较

参考 Gu et al.（2020）使用 Diebold-Mariano 方法检验各模型间的预测差异，检验公式如下：

$$d_{12,t} = \frac{1}{n_3} \sum_{i=1}^{n_3} ((\hat{e}_{i,t}^{(1)})^2 - (\hat{e}_{i,t}^{(2)})^2) \qquad (5.2)$$

其中 $\hat{e}_{i,t+1}^{(1)}$ 和 $\hat{e}_{i,t+1}^{(2)}$ 表示两类模型在 t 期对于股票 i 的预测误差，n_3 为当期的个股数，定义 $DM_{12} = \bar{d}_{12} / \hat{\sigma}_{\bar{d}_{12}}$，$\bar{d}_{12}$ 和 $\hat{\sigma}_{\bar{d}_{12}}$ 分别为 $d_{12,t}$ 的均值和标准差。

表5-3给出了模型比较结果，线性模型中PCA和PLS优于带惩罚项的各回归模型，而非线性模型的预测能力相比线性模型大多在5%的显著性水平内显著，尤其对于多层LSTM和GAN模型，t值均在3以上。非线性模型中基于神经网络的各类模型表现优于树形模型，FFN类模型之间的差异不大，仅4层FFN相对于3层FFN显著；LSTM类模型相比FFN模型有显著提升，如2层LSTM显著高于3层和4层的FFN等；GAN模型由于基于LSTM构建，其结果与LSTM类模型接近且优于FFN模型。

总结上述分析结果，各类机器学习模型的预测能力主要呈现出如下三点特征：（1）相比OLS模型，各类机器学习算法均很好地完成了"任务"，预测精度 R^2 转正且显著高于OLS；（2）非线性模型表现好于线性模型，主要原因在于非线性模型对变量间非线性关系的使用和模型整体复杂度的提升；（3）多层神经网络好于浅层网络，且GAN模型表现得最优，突出了深度学习模型的优势。

表 5-3 模型间预测误差比较

	LASSO	RIDGE	ENet	PCA	PLS	GBRT	RF	FFN1	FFN2	FFN3	FFN4	LSTM1	LSTM2	LSTM3	LSTM4	GAN
OLS	1.62	1.67	1.68	2.62	2.68	2.61	2.99	2.58	2.62	2.74	2.77	3.30	4.06	2.45	2.88	4.13
LASSO		0.91	1.22	1.42	1.45	1.55	1.57	1.66	1.68	1.73	3.53	3.01	3.45	2.63	3.61	3.67
RIDGE			1.21	1.53	1.50	1.46	1.52	1.53	1.55	1.62	3.44	3.04	3.36	2.77	3.78	3.72
ENet				1.35	1.36	1.49	1.53	1.51	1.56	1.69	3.76	2.99	3.86	2.73	3.83	3.82
PCA					0.23	1.14	1.01	1.08	1.04	1.76	1.52	1.30	1.13	1.36	1.08	1.35
PLS						1.56	1.50	1.41	1.39	1.07	1.84	1.62	1.46	1.71	1.43	1.37
GBRT							0.44	1.65	1.62	1.33	1.56	1.81	1.67	1.99	1.87	1.77
RF								1.54	1.60	1.37	1.49	1.68	1.66	1.80	1.73	1.71
FFN1									0.76	1.28	0.86	0.46	0.12	0.52	0.01	1.01
FFN2										1.34	0.92	0.52	0.19	0.59	0.06	0.91
FFN3											2.19	2.08	2.97	1.92	2.87	2.74
FFN4												1.23	2.40	0.94	2.00	2.55
LSTM1													2.39	-0.29	1.08	1.62
LSTM2														-2.03	0.28	1.37
LSTM3															1.66	1.76
LSTM4																1.77

第二节　投资组合分析

本节从组合角度继续分析机器学习模型的定价和预测能力。投资组合分析法（Portfolio analysis）最早由 Fama 提出，如今已成为实证资产定价领域被广泛使用的分析方法。投资组合分析法的实质是按不同指标对股票进行排序和分组，构建投资组合并持有一定的时期。投资组合分析法的优势在于可以尽可能地减弱个股预测中因噪声产生的收益波动。本节分别从横截面视角和时序视角构建投资组合进行研究。

一、横截面视角

在月度频率上依据不同模型对每家公司的预测收益大小构建投资组合：在每月的第一个交易日，依据模型预测的收益结果对样本股票进行升序排序，等分成 10 个投资组合。其中第一组表示预测收益最小的前 10% 的股票，标记为 "Low" 组；第十组表示预测收益最高的前 10% 的股票，标记为 "High" 组。其他组按预测收益的高低分别记为 2~9 组。通过做多 "High" 组，卖空 "Low" 组构建多空对冲组合，即 "High-Low" 组，并将投资组合持有一个月，在下个月初重复上述过程直到样本期结束。

表 5-4 给出了采用等权重加权的组合收益结果。OLS 模型的 HL 组合月度收益最低为 0.14%，夏普比率为 0.13，且组合收益单调性并不明显，如组合 P6 收益为 2.08%，高于 P7 和 P8 的收益，表明 OLS 模型无法很好地在横截面上划分股票。其他线性模型中表现最好的为 PLS，其 HL 收益为 0.88%，夏普比率为 0.80。非线性模型的预测单调性好于线性模型，其中表现最好的为 LSTM4 模型，HL 年化收益为 15.6%，夏普比率为 1.13。同时对 HL 组合收益进行了显著性检验，除 OLS 外结果均在 1% 的显著性水平内显著。

表 5-4 等权重加权组合收益分析

	OLS	LASSO	RIDGE	ENet	PCA	PLS	GBRT	RF	FFN1	FFN2	FFN3	FFN4	LSTM1	LSTM2	LSTM3	LSTM4	GAN
L	1.55	1.23	1.21	1.37	1.26	1.20	0.99	1.01	0.97	0.93	1.04	1.10	1.05	0.92	0.86	0.88	1.08
p1	1.69	1.56	1.53	1.59	1.69	0.73	1.35	1.42	1.40	1.37	1.72	1.56	1.36	1.41	1.44	1.33	1.70
p2	1.75	1.89	1.82	2.00	1.75	1.30	1.68	1.67	1.62	1.48	1.98	1.97	1.71	1.71	1.70	1.67	1.74
p3	1.83	1.85	1.91	1.90	1.86	1.61	1.69	1.74	1.86	1.92	1.69	1.79	1.92	1.84	1.90	1.79	1.90
p4	1.80	1.77	1.79	1.75	1.83	1.71	1.81	1.77	2.00	1.98	1.78	1.70	1.63	1.75	1.68	1.79	1.61
p5	1.90	1.86	1.74	1.80	1.88	1.93	1.85	1.89	1.96	1.96	1.97	2.04	1.96	1.92	1.94	1.93	2.00
p6	2.08	1.93	1.99	2.08	2.13	2.33	1.91	1.88	2.19	2.28	1.96	2.08	2.12	2.21	2.16	2.18	2.13
p7	1.93	1.69	1.79	1.76	1.85	2.51	1.94	1.95	2.06	2.01	1.91	1.95	2.04	2.11	2.16	2.12	1.89
p8	1.72	1.81	1.86	1.93	1.89	2.58	2.01	1.32	2.14	2.18	2.09	1.92	2.12	2.09	2.09	2.11	2.06
H	1.69	1.57	1.56	1.76	1.84	2.08	1.79	1.38	1.88	1.91	1.80	1.77	2.08	2.16	2.17	2.18	1.87
H-L	0.14	0.34	0.35	0.38	0.58	0.88	0.79	0.87	0.91	0.98	0.76	0.67	1.03	1.25	1.32	1.30	0.80
SR	0.13	0.26	0.26	0.27	0.62	0.80	0.74	0.83	0.86	0.94	0.94	0.82	0.90	1.04	1.12	1.13	0.85

表 5-5 给出了为使用流通市值加权的投资组合预测结果。相比等权重组合，使用流通市值加权可以减弱交易摩擦带来的影响，尤其相比国外市场，国内市场的涨停板和做空约束严重影响到小市值股票的买卖行为，采用市值加权更符合国内市场投资者的交易行为。可以看到，采用市值加权后，组合的收益低于表 5-4 中的结果，且单调性表现同样较弱。非线性模型中表现最好的为 GAN 模型，其 HL 收益为 1.13%，夏普比率为 0.71。LSTM 模型表现次之，且多层模型表现好于浅层模型，其中 LSTM4 达到了 1.09% 的收益。树形模型表现相近于 FFN 模型，其中 RF 模型多空组合收益为 0.59%，夏普比率为 0.39。

接下来我们使用 Fama-French 五因子模型来验证各机器学习算法多空组合收益的显著性，见表 5-6。表中前两行分别为等权重多空组合 HL 的超额收益 α，显著性 t 值以及使用 FF5 模型回归的拟合优度 R^2，其中 LSTM4 的 α 最高达到了 1.10% 并在显著性水平 1% 内显著，其他非线性模型的 α 也均在 5% 的显著性水平内显著；线性模型中仅有 PCA 和 PLS 的 α 显著。表 5-6 后两行为流通市值加权的 HL 组合分析结果，其中 α 显著的有 GAN 模型、LSTM 模型、三层和四层 LSTM 模型以及树形模型，最高值为 GAN 模型的 1.01%。上述结果表明使用机器学习尤其是非线性模型可以获得超过传统模型的超额收益。

表 5-5 流通市值加权组合收益分析

	OLS	LASSO	RIDGE	ENet	PCA	PLS	GBRT	3F	FFN1	FFN2	FFN3	FFN4	LSTM1	LSTM2	LSTM3	LSTM4	GAN
L	1.15	1.03	1.03	1.09	0.76	1.10	0.89	0.81	0.68	0.67	0.69	0.62	0.92	0.68	0.07	0.40	0.32
p1	1.21	0.99	0.98	1.03	1.03	0.66	0.87	0.84	1.34	1.38	0.93	0.90	0.94	1.18	0.25	1.03	1.22
p2	1.07	0.89	0.89	0.94	1.57	1.20	1.33	1.28	1.29	1.22	1.43	1.53	1.16	1.15	0.78	1.34	0.91
p3	1.22	1.16	1.20	1.24	1.02	1.29	1.21	1.32	1.26	1.43	1.23	1.22	1.41	1.28	0.49	1.26	1.21
p4	1.61	1.55	1.69	1.65	1.19	1.63	1.14	1.30	1.35	1.00	1.10	0.98	0.97	1.48	0.66	1.47	1.12
p5	1.34	1.44	1.43	1.47	1.32	1.67	1.45	1.43	1.47	1.17	1.49	1.33	1.57	1.55	0.73	1.68	1.20
p6	1.19	1.47	1.48	1.52	1.40	2.16	1.34	1.60	1.50	1.55	1.28	1.51	1.44	2.14	0.71	1.83	1.28
p7	1.55	1.47	1.39	1.42	1.21	2.23	1.47	1.53	1.31	1.25	1.40	1.59	1.41	1.87	0.90	1.81	1.54
p8	1.38	1.36	1.39	1.37	1.49	2.14	1.69	1.66	1.57	1.51	1.59	1.53	1.72	1.66	1.20	1.74	1.25
H	0.56	0.52	0.54	0.56	1.15	1.53	1.44	1.40	1.30	1.34	1.49	1.47	1.88	1.67	1.00	1.69	1.45
H–L	−0.59	−0.51	−0.49	−0.52	0.38	0.43	0.55	0.59	0.63	0.67	0.79	0.84	0.96	0.98	0.93	1.09	1.13
SR	−0.38	−0.31	−0.30	−0.30	0.21	0.22	0.36	0.39	0.47	0.47	0.52	0.54	0.50	0.51	0.49	0.61	0.71

表 5-6 多空组合的 FF3 超额收益分析

	OLS	LASSO	RIDGE	ENet	PCA	PLS	GBRT	RF	FFN1	FFN2	FFN3	FFN4	LSTM1	LSTM2	LSTM3	LSTM4	GAN
FF5-a	0.00	0.38	0.39	0.40	0.58	0.60	0.71	0.76	0.80	0.90	0.70	0.60	0.80	1.00	1.01	1.10	0.82
t	0.13	1.24	1.21	1.26	2.40	2.73	2.44	2.64	2.21	2.54	2.46	1.94	2.15	2.33	2.55	2.77	2.11
FF5-a	—	—	—	—	0.35	0.37	0.50	0.67	0.40	0.50	0.90	0.81	0.75	0.91	1.18	1.00	1.01
t	—	—	—	—	1.11	1.20	2.11	2.02	1.41	1.69	2.69	2.12	2.07	2.45	2.90	2.24	2.90

* 由于 OLS、LASSO、RIDGE、EN 的流通市值加权 HL 收益为负,因此表中未计算其 FF3 超额收益。

二、时序视角

相比横截面间的个股收益差异，整体市场的时序变化显得更难预测。早期的时序预测研究包括 Fama and French（1988）等，主要试图从因子角度分析整体市场的收益波动，后续的研究延续了这一视角并开发出更多的特征因子，如 Stambaugh et al.（2012）和 Akbas et al.（2015）。这类研究的缺点在于分析过程中只使用了单个或几个变量，存在遗失有效信息的问题。本书将时序预测扩展到大数据框架中，而事实上，寻找最优的择时组合等价于构建随机贴现因子，进而等价于构建最高的夏普比率组合。

我们参考 Fama 等组合分析方法构建投资组合，选取的因子为个股市值（Size）、价值与成长（BM，账面市值比）、投资水平（IA，总资产年增长率）和动量（Mom，一个月动量因子），其中市值因子取 50% 分位点分为 Big 和 Small 组，其他三类因子按 70% 和 30% 分位点分为高、中、低三组，则共构建了 6 个市值与价值组合（Big/Small+Value/Neural/Growth），6 个市值与投资水平组合（Big/Small+Robust/Neural/Weak）和 6 个市值与动量组合（Big/Small+Up/Median/Down），组合的预测收益计算公式见（5.3），其中个股的组合权重为流通市值：

$$\hat{r}^p_{t+1} = \sum_{i=1}^{n} w^p_{i,t} \times \hat{r}_{t+1} \qquad (5.3)$$

表 5-7 给出了 18 个组合的线性模型预测 R^2，作为基准的 OLS 模型表现最差，18 个组合中仅有 8 个组合预测为正，且集中在小市值（Small）组合中。其他模型表现优于基准模型，LASSO、RIDGE 和 ENet 的预测精度有所上升，而 PCA 和 PLS 模型在各组合中的预测 R^2 均为正值，这与 Kelly and Pruitt（2013）的讨论相符。各模型在小市值组合中的表现要好于大市值，与上节中横截面各股预测结论保持一致，但异于美股市场（Gu et al.，2020）。

表 5-7 基于线性模型的组合层面样本外预测 R^2

%	OLS	LASSO	RIDGE	ENet	PCA	PLS
Big Value	−1.38	−0.22	−0.15	−0.12	0.41	0.95
Big neural	−1.11	−0.36	−0.40	−0.46	0.67	0.58
Big Growth	−1.27	−1.31	−1.25	−1.41	2.86	2.32
Small Value	0.98	2.12	2.16	2.26	2.85	2.54
Small neural	0.34	2.34	2.44	2.54	2.89	2.45
Small Growth	1.85	2.22	2.31	2.26	2.94	2.24
Big robust	−4.71	−3.24	−3.34	−2.24	1.67	1.80
Big neural	−4.38	−2.68	−2.18	−1.68	2.12	1.64
Big weak	−3.98	−1.25	−1.05	−1.15	1.48	2.55
Small robust	0.71	0.56	0.67	0.86	2.44	2.66
Small neural	1.67	1.90	2.20	2.00	2.22	2.89
Small weak	2.14	2.85	2.25	2.65	2.13	2.91
Big up	−4.73	−3.17	−3.07	−2.16	0.21	0.86
Big median	−4.81	−3.81	−3.41	−2.62	2.61	2.35
Big down	−2.15	−1.62	−1.44	−0.67	2.18	2.47
Small up	−0.53	−0.13	−0.04	0.13	1.72	2.10
Small median	1.25	1.76	1.93	2.18	2.87	3.58
Small down	2.41	2.76	2.83	3.16	2.75	2.43
R^2 正值占比	44.44%	44.44%	44.44%	50%	100%	100%

表 5-8 展示了 18 个组合的非线性模型预测精度 R^2，整体上非线性模型表现要好于线性模型，例如 GAN 模型在小市值组合中 R^2 大多超过了 3%，其他神经网络模型稍逊于 GAN，但也保持了大多数正向的预测能力，其中 R^2 为负的情况主要集中在大市值中的高投资水平（Big robust）和高动量组合（Big up）中，最低值分别为 LSTM2 的 −0.29% 和 FFN3 的 −0.82%。两类树形模型表现好于线性模型，并且在各组合中均保持了正的 R^2。

表 5-8 基于非线性模型的组合层面样本外预测 R^2

%	GBDT	RF	FFN1	FFN2	FFN3	FFN4	LSTM1	LSTM2	LSTM3	LSTM4	GAN
Big Value	0.22	0.24	0.12	0.36	0.23	0.45	0.42	1.09	1.19	1.38	1.21
Big neural	0.40	0.51	0.44	0.05	0.13	0.57	0.33	0.11	0.46	0.62	0.28
Big Growth	0.64	0.79	0.80	0.36	0.30	0.64	0.37	0.26	0.14	0.96	1.08
Small Value	2.09	2.01	2.18	2.20	2.19	2.15	1.91	1.93	1.76	2.88	3.44
Small neural	2.41	2.40	2.09	2.22	2.51	2.60	2.24	2.46	2.32	3.08	3.58
Small Growth	2.58	2.76	2.26	2.26	2.50	2.68	2.16	2.35	2.02	3.17	3.40
Big robust	0.57	0.41	0.40	−0.07	0.37	−0.17	0.04	−0.29	−0.24	−0.12	−0.07
Big neural	0.68	0.57	0.38	0.94	0.88	0.07	0.73	0.09	0.06	0.48	0.89
Big weak	0.81	0.79	0.45	0.08	0.11	0.29	0.24	0.68	0.87	0.99	0.95
Small robust	1.11	1.16	1.90	1.93	1.21	1.26	1.48	1.73	1.33	2.52	3.40
Small neural	2.34	2.66	2.45	2.52	2.79	2.96	2.73	2.84	2.72	3.40	3.76
Small weak	2.53	2.84	2.49	2.53	3.53	3.44	2.56	2.60	2.49	3.59	3.24
Big up	0.62	0.66	0.76	−0.41	−0.82	0.56	−0.64	−0.51	−0.71	−1.12	−1.03
Big median	1.02	1.19	0.76	0.97	0.82	0.19	0.99	0.60	0.77	1.83	2.38
Big down	0.78	0.69	0.56	0.90	0.88	0.39	0.89	0.43	0.47	1.59	1.40
Small up	0.46	0.51	0.22	0.48	0.26	0.61	−0.31	0.18	−0.10	0.77	3.38
Small median	2.33	2.21	2.01	2.03	2.60	2.43	2.00	2.12	2.98	2.98	3.88
Small down	2.52	2.65	2.11	2.01	2.22	2.21	2.57	2.46	2.26	2.30	2.93
R^2 正值占比	100%	100%	100%	88.8%	94.4%	94.4%	88.8%	88.8%	83.3%	88.8%	88.8%

总结上述组合预测结果可以发现，在剔除了各股噪声信号后机器学习算法仍然可以显著提高组合层面上的预测精度。不同模型中，非线性模型预测能力高于线性模型，其中又以神经网络模型相对表现最好。

为了更直观地体现模型的择时能力，参考 Campbell et al.（2007）将其量化为使用机器学习进行主动投资时相比购买并持有的被动投资方式的夏普比率提升程度，其中使用机器学习模型进行择时投资时组合夏普比率可表示为：

$$SR^* = \sqrt{\frac{SR + R^2}{1 - R^2}} \qquad (5.4)$$

其中 R^2 为表 5-8 中组合的预测精度，SR 为按照购买并持有策略投资的组合夏普比率。表 5-9 给出线性机器学习模型对不同组合的夏普比率提升程度即 $SR^* - SR$。考虑到负值的 R^2 无法提高组合的表现，我们将表中负值部分标记为"—"。相比 OLS 和带惩罚项的三类线性模型，PCA 和 PLS 均可以通过择时提高组合夏普比率，以小市值价值股（Small Value）为例，购买并持有策略的夏普比率为 0.75，而通过使用 PLS 模型进行预测并调整组合内各股权重，新的组合夏普比率可达到 0.94。非线性模型在各组合中同样具有择时能力，表 5-10 中给出的大多数结果均为正。

表 5-9 线性模型的"择时"能力

%	OLS	LASSO	RIDGE	ENet	PCA	PLS
Big Value	—	—	—	—	0.06	0.13
Big neural	—	—	—	—	0.09	0.08
Big Growth	—	—	—	—	0.30	0.26
Small Value	0.08	0.16	0.16	0.17	0.21	0.19
Small neural	0.03	0.18	0.19	0.19	0.22	0.19
Small Growth	0.14	0.17	0.18	0.17	0.22	0.17
Big robust	—	—	—	—	0.22	0.23
Big neural	—	—	—	—	0.23	0.19
Big weak	—	—	—	—	0.20	0.30
Small robust	0.06	0.05	0.06	0.07	0.19	0.21
Small neural	0.13	0.14	0.16	0.15	0.16	0.21
Small weak	0.16	0.21	0.17	0.20	0.16	0.21
Big up	—	—	—	—	0.04	0.16
Big median	—	—	—	—	0.25	0.22
Big down	—	—	—	—	0.22	0.24
Small up	—	—	0.00	0.01	0.15	0.18
Small median	0.09	0.12	0.14	0.15	0.20	0.24
Small down	0.18	0.21	0.21	0.24	0.21	0.19

表 5–10 非线性模型的"择时"能力

%	GBDT	RF	FFN1	FFN2	FFN3	FFN4	LSTM1	LSTM2	LSTM3	LSTM4	GAN
Big Value	0.04	0.04	0.02	0.05	0.03	0.06	0.06	0.14	0.15	0.17	0.16
Big neural	0.05	0.07	0.06	0.01	0.02	0.08	0.05	0.02	0.07	0.09	0.04
Big Growth	0.08	0.10	0.10	0.05	0.04	0.08	0.05	0.04	0.02	0.12	0.13
Small Value	0.16	0.16	0.17	0.17	0.17	0.16	0.15	0.15	0.14	0.21	0.25
Small neural	0.18	0.18	0.16	0.17	0.19	0.20	0.17	0.19	0.18	0.23	0.26
Small Growth	0.19	0.21	0.17	0.17	0.17	0.20	0.17	0.18	0.16	0.24	0.25
Big robust	0.09	0.06	0.06	—	0.06	—	0.01	—	—	—	—
Big neural	0.09	0.08	0.05	0.11	0.11	0.01	0.09	0.01	0.01	0.06	0.11
Big weak	0.13	0.12	0.07	0.01	0.02	0.05	0.04	0.10	0.12	0.14	0.13
Small robust	0.09	0.09	0.15	0.16	0.10	0.10	0.12	0.14	0.11	0.20	0.26
Small neural	0.17	0.20	0.18	0.18	0.20	0.21	0.20	0.21	0.20	0.24	0.27
Small weak	0.19	0.22	0.19	0.19	0.26	0.25	0.19	0.19	0.19	0.26	0.24
Big up	0.11	0.12	0.14	—	—	0.11	—	—	—	—	—
Big median	0.11	0.13	0.08	0.10	0.09	0.02	0.10	0.06	0.08	0.18	0.23
Big down	0.08	0.07	0.06	0.10	0.10	0.04	0.10	0.05	0.05	0.16	0.15
Small up	0.04	0.05	0.02	0.05	0.02	0.06	−0.03	0.02	−0.01	0.07	0.28
Small median	0.16	0.15	0.14	0.14	0.18	0.17	0.14	0.15	0.20	0.21	0.26
Small down	0.19	0.20	0.16	0.16	0.17	0.17	0.20	0.19	0.17	0.18	0.22

本节从投资组合角度分析了机器学习模型的择时能力，相关结果表明相比简单的线性回归模型，部分线性模型和绝大多数非线性模型均表现出较高的时序预测性。详细对比各组合间的差异，可以发现模型对小市值组合的预测能力更好，夏普比率提升程度更高。这一结果与各股横截面预测结果一致，但不同于美股市场。可能的原因在于中美两国市场机制的不同，相比美国市场，中国市场存在更显著的有限套利问题，异象集中于小市值个股或组合中。因此，异象因子对于此类股票样本表现出更好的预测能力。

第三节　本章小节

本章使用机器学习算法进行了中国股票市场收益的预测，通过比较个股和组合层面的预测精度，发现非线性模型在不同样本下的表现均优于线性模型，主要原因在于非线性模型引入了变量间的非线性信息，同时有效地缓解了过拟合问题，其中深度学习 GAN 模型考虑了金融数据中存在的时序特征，通过记忆单元保持具有长期预测能力信息的同时引入动态对抗机制，因此在各类模型中表现得最好。

具体来说，本章第一部分在个股层面研究了四类模型的可预测性。通过将样本分为全样本和按月选取的市值最大（top500）和最小的（bottom500）500 只股票子样本，发现传统线性回归 OLS 模型 R^2 呈现负值，而除线性回归模型外，其他机器学习算法的预测精度均为正值，且相比线性回归均在 5% 的显著性水平内显著。非线性模型整体上表现好于线性机器学习模型，其中神经网络模型整体表现最好，且多层网络优于浅层网络。生成式网络 GAN 在所有模型中的预测精度最高，R^2 达到了 0.89%。

本章第二部分从投资组合角度分析了各类机器学习算法的表现，主要分为横截面视角和时序视角。横截面视角分析中，无论是等权重加权组合还是流通市值加权组合，非线性模型依然获得了最高的超额收益。其中表现最好的为 GAN 模型月度多空组合，收益达到了 1.13%，夏普比率为 0.71。此外，通过使用 Fama-French 五因子模型来检验多空组合收益的显著性，发现使用机器学习尤其是非线性模型可以获得超过传统定价模型的超额收益。

时序视角中，参考 Fama-French 等组合分析方法构建投资组合，选取个股市值、价值与成长、投资水平和动量因子，共构建了 6 个市值与价值组合，6个市值与投资水平组合和6个市值与动量组合，并分别计算了每个组合的预测收益和其对应的预测精度 R^2。结果发现在线性模型中，作为基准的 OLS 模型表现最差，18个组合中仅有8个组合预测为正，且集中在小市值组合中，而其他线性模型表现优于 OLS。非线性模型表现依旧要好于线性模型，GAN 模型在小市值组合中 R^2 大多超过了3%，其他神经网络模型稍逊于 GAN，但也保持了大多数正向的预测能力。

本章的研究贡献主要体现将机器学习应用在中国 A 股市场，解决了机器学习应用于资产定价过程中出现的"移植"问题，找到了更适合 A 股市场的深度学习模型。事实上，由于 A 股市场散户交易占到了80%以上，整体市场呈现较高的动态波动性，使用具有"博弈"特性的 GAN 模型理应具有较好的表现。此外，本书对于不同样本（全样本和子样本）、不同层级（个股和组合）的实证预测分析也为后续基于机器学习的实证资产定价可预测性研究提供了可行的研究框架。

第六章　机器学习模型的可解释性与经济机制分析

机器学习与资产定价：A股市场收益预测及特征分析研究

人工智能领域存在普遍的"黑箱"（black box）困扰，以神经网络模型为例，在大部分情况下，输出变量对输入变量的依赖关系都是非线性函数的关系，函数表达式往往很复杂，所以无法直观地看出某个输入变量对输出变量的贡献率，而随着模型规模增大，非线性函数的复杂度急剧增大，使得最终的模型拆解和分析变得难以实现。模型的可解释性在某些领域并非必需的，如一些现实产品的分类和识别问题。但对于金融领域，对于数据和模型的认知是必不可少的。一方面，在于金融类问题需要构建严密的逻辑回路，以求做到"自圆其说"；另一方面，在资产定价领域，对于预测模型的理解可以方便后续模型的调整和重新构建。

基于上述研究背景，本章讨论了机器学习模型在资产定价领域的可解释性及其背后的经济机制，并使用了表现最优的生成式对抗网络GAN的实证结果进行分析。首先，讨论了在考虑交易摩擦下的模型收益的变化，即模型的经济性。其次，进一步展开讨论了因子重要度，以及背后的微观和宏观经济传导机制。因子重要度分析通过对模型使用的特征变量进行排序，意在寻找影响资产定价的重要变量集以及背后的经济意义。微观分析中，我们基于错误定价理论，使用了交易摩擦、波动及不确定性以及换手率与流动性等三类指标结合模型预测收益对资产进行条件双排序来研究模型的有效性，发现模型对于"蓝筹股"具有较强的预测能力。最后，为了分析模型在宏观经济波动中的变化，我们引入宏观经济指标作为虚拟变量分析了深度学习因子在不同环境下的定价能力。

第六章 机器学习模型的可解释性与经济机制分析

第一节 经济重要度分析

当引入交易费用时，模型的超额收益可能会变为不显著甚至消失，因此需要进行经济重要（economic important）度分析。对于月度调整的投资组合来说，其交易费用的来源主要有两种，一种是组合中一直存在的股票权重变化引起的买入或卖出行为，另一种是新加入或清仓的股票的交易行为，因此本书使用公式（6.1）来计算组合的月度平均换手率：

$$Turnover = \frac{1}{T}\sum_{i=1}^{T}\left(\sum_{i}\left|w_{i,t+1} - \frac{w_{i,t}(1+r_{i,t+1})}{\sum_{j}w_{i,t}(1+r_{i,t+1})}\right|\right) \quad (6.1)$$

其中 $w_{i,t}$ 为组合中股票 i 在 t 时的权重，$r_{i,t+1}$ 为其在 t+1 期的收益，j 为 t+1 期的股票总数，T 为总的月度数。另外我们同时考虑了单边成本分别为 0.25%、0.5% 的情况下的投资组合收益的显著性。

表 6-1 首行给出了各机器学习模型的多空收益组合 HL 月度平均换手率，除 PCA 外其他模型的换手率均超过了 100%，其中神经网络类模型的换手率要高于其他模型，最高的 3 层神经网络模型换手率达到了 191.79%，是 PCA 的两倍以上。表中第二行和第三行给出在考虑单边费用的情况下多空组合的超额收益显著性 t 值。等权重组合中当交易费用为 0.125% 时，OLS、LASSO、Ridge、EN 模型收益变为不显著，其他算法组合收益仍在 5% 显著性水平内显著；当交易费用变为 0.25% 时，除上述模型外，PCA 模型收益同样变为不显著。值得注意的是，实际中 0.25% 的单边费用对于投资者来说已经十分高昂，此时多数模型仍保持显著的超额收益，可见机器学习算法的确可以带来更高的定价能力。

表 6-1 各模型换手率及交易摩擦下的收益显著性

	OLS	ENet	PCA	PLS	FFN1	FFN2	FFN3	FFN4	LSTM1	LSTM2	LSTM3	LSTM4	GAN
等权重组合													
换手(%)	194.22	198.41	95.54	109.88	184.32	185.30	191.79	185.79	175.97	174.49	174.18	170.84	180.64
0.125%费用	0.46	1.46	1.93	2.11	2.25	2.48	2.48	2.09	2.43	2.86	3.17	3.10	3.05
0.25%费用	—	1.06	1.67	1.91	2.19	2.12	2.09	2.01	2.30	2.54	2.84	2.77	2.89
流通市值加权组合													
换手(%)	—	—	77.27	107.40	142.86	149.59	189.79	179.33	171.22	154.08	150.51	144.78	140.98
0.125%费用	—	—	1.40	1.42	2.13	2.10	2.01	1.97	1.45	1.77	2.31	2.69	2.90
0.25%费用	—	—	1.21	1.36	1.88	1.75	1.85	1.84	1.28	1.56	2.12	2.42	2.72

注：由于 OLS、EN 的流通市值加权 HL 收益为负，因此表中未计算其换手率等指标，此外由于 LASSO、RIDGE 和 EN 结果相近，限于篇幅表中只给出了 EN 的计算结果。

同时给出基于流通市值加权的投资组合换手率见表 6-1 第四行，可以看到其值要小于等权重组合，说明等权重组合的高收益更多来自小市值股票，而使用流通市值加权的组合换手操作较少。在交易费用方面，由于流通市值加权的组合整体收益较低，0.125% 费用下 PC、PLS 模型和一层 LSTM 模型多空组合收益变为不显著，当费用变为 0.25% 时两层 FFN 和 LSTM 模型收益也变为不显著。

经济重要度分析中，大部分组合在考虑了交易摩擦的情况下仍然可以保持显著的正收益。可以看出，相比购入并持有的策略，机器学习模型的换手率较高，绝大多数月度平均换手率超过了 100%，这在一定程度上影响了其在实际交易中的表现。

第二节 因子重要度分析

通过机器学习选择合适的定价因子可以有效地规避主观选择产生的

p-hacking 问题，同时提升模型的预测能力。而变量筛选作为机器学习的一项重要特性，通过构建动态变化的定价模型来使其保持长期有效。因子重要度用来测度特征因子在模型定价中的能力，重要度高的特征对模型训练的贡献度更高，包含的有效信息更多，通过分析重要因子的经济学含义可以解释模型预测能力的来源。在计算机领域，各类机器学习模型对于变量的评价主要基于其对数据分类或预测的影响，例如在随机森林模型中，变量的贡献度通过考察变量在不同节点对于数据分类纯度的提升来测度，即"信息增量"。

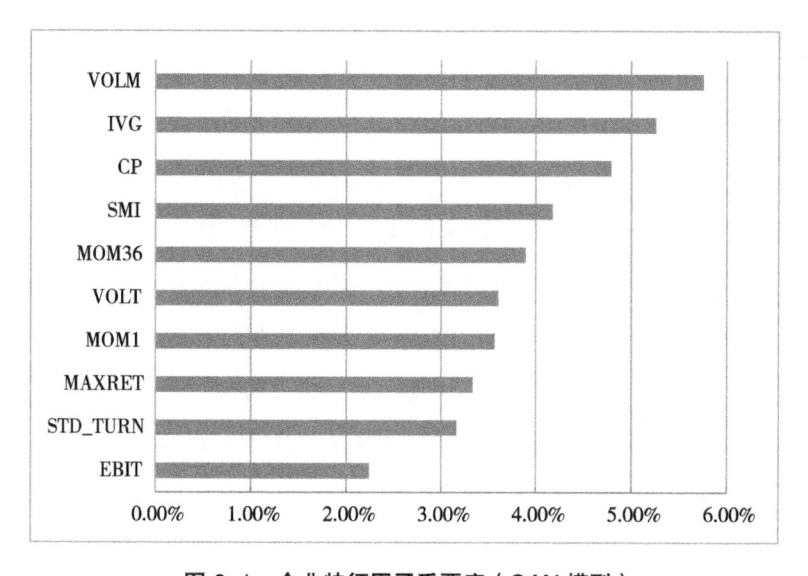

图 6-1 企业特征因子重要度（GAN 模型）

参考 Kelly et al.（2019）考察各特征因子在不同模型中的重要程度，本书基于 GAN 模型预测结果，以设置某因子为零后，模型预测精度 R^2 下降程度代表该因子的重要度，即考察"信息减量"。图 6-1 中给出了全样本期内排序最高的 10 个企业特征因子的重要度。

整体上前 10 大特征因子贡献度占到了所有因子的 40% 左右。而对各因子重要度进行归一化处理后，可以将重要特征因子分为三类：第一类为价格及交易量趋势类，包括超短期动量（MOM1M）、长期动量

（MOM36M）、历史最高收益（MAXRET）、交易量趋势（VOLT）和交易量动量（VOLM）等。国内外学者对动量效应的研究主要从传统风险收益模型和行为金融入手，但包括Fama-French因子模型在内至今没有形成统一的解释。对于中国股票市场而言，短期投资者占比高与中国市场短期的动量效应和中长期的反转效应有密切关系。

第二类重要因子为流动性指标类，包括换手率标准差（STD_TURN）等，换手率通常用来反映市场流动性，换手率越高表示股票交投活跃，流动性好，变现能力强，投资者更倾向于购买这类股票。目前，我国股票市场大多数股票的日换手率在1%~2.5%，长期稳定的高换手率代表了企业在股票市场的稳定性，投资者对其要求较低的风险溢价补偿。但换手率标准差的突然放大往往伴随着较大的波动风险和投机风险。

第三类重要因子为基本面指标类，包括存货增长率（IVG）、销量增长与存货增长差（SMI）、现金生产率（CP）和息税前利润（EBIT）等。销售和库存的变动代表了公司的周转能力，行业内优良的企业具有将产品快速变现的能力，在一定程度上增强了企业抵御风险的能力，降低了企业风险。同时，无论是存货增长率还是销售与库存增长额差值均反映了企业的运营状态和其基本面价值，而后者是股票价值最重要的驱动因素。

第三节　深度学习因子的微观经济机制研究

本节基于错误定价理论来研究深度学习的微观机制。错误定价理论认为因子或特征产生的超额收益并非来自对其的风险暴露补偿，而是由于投资者的错误认知导致对具有这类特征股票高估/低估产生的估值回归。基于此，本节使用条件双排序组合法研究GAN模型对于具有不同微观特征股票的预测能力，即考察模型对错误定价股票的解释力。参照Fama and French（2014）于每年7月底按照企业特征在30%和70%分位点将股票分为低（L）、中（M）、高（H）三组，这一分类持续到下一年 6 月，并在下一年 7 月重复上述步骤，在上述各组中每月按照预测收益在 30% 和 70% 分位点再进行分组，最终得到的每月投资组合数为 3×3=9 个，全样本区间为 2009 年 7 月至 2017 年 12 月。按照流通市值加权的方式计算各组合月度收益，并检验在企业特征分类下的多空股票组合（HL）收益的显著性。

一、交易摩擦

作为著名的 Fama-French 三因子模型中的规模和价值因子，市值 Size 和账面市值比 BM 是两类典型的企业特征指标。表 6-2 给出使用市值和账面市值比因子与 GAN 模型预测收益进行双排序的组合构建结果，相比中小市值股票，GAN 模型对于高市值股票（Size 中的 B 列）的预测能力更高，多空组合月度收益达到了 0.71%（t=1.73），FF3 检验的 Alpha 为 0.70%（t=1.47），而中小市值股票样本中的多空组合收益并不显著，相比大市值股票，小市值股票交易摩擦更高，因此 GAN 模型对交易摩擦低的股票定价更为有效；而账面市值比组合中，GAN 对中性股票（BM 中的 M 列）的预测为显著的，多空组合月度收益为 0.88%（t=2.29），FF3 检验的 Alpha 为 1.05%（t=2.27），成长型股票（BM 中的 L 列）和价值型股票（BM 中的 H 列）的多空组合收益并不显著。

GAN 模型对于大市值股票的预测能力相对更好但不显著，主要原因在于相比小市值企业，大市值企业的股票交易摩擦更低，股价更多地反映了基本面的信息，因此基于基本面大数据的预测模型表现得更好；而国内的小市值企业受"借壳"等因素影响（Liu and Stambaugh，2013），股票往往偏离核心价值呈现更大的差异化表现，此外小市值股票交易摩擦高且股价波动大，易受到散户以及游资这类"非理性"群体的关注，因此其股价更多地受到市场情绪的影响。

表 6-2 双排序组合结果——交易摩擦

	Size			BM		
	S	M	B	L	M	H
L	1.36	0.79	0.04	0.39	−0.07	0.44
M	1.51	1.05	0.47	0.52	0.70	0.69
H	1.68	0.97	0.75	0.69	0.81	1.11
H−L	0.32	0.18	0.71	0.30	**0.88**	0.67
T 值	1.17	0.65	1.73	0.94	2.29	1.52
FF3-a	0.31	0.11	0.70	0.32	**1.05**	0.54
T 值	1.05	0.39	1.47	0.92	2.27	1.01

注：标粗字体为在 5% 的显著性水平内显著。

二、波动及不确定性

波动率是资产定价领域中除收益外的另一重要研究内容，一般来说高波动风险股票对应着高收益，然而近年来随着资产定价研究的深入，学者们发现实际市场中的情况并非如此：Fama and French（1992，2006）发现在控制规模和账面市值比因子后，风险收益定价线变得过于平坦；Frazzini and Pederson（2014）发现高 β 值的股票组合往往呈现较低的收益，而低 β 值的股票组合超额收益较高，即高 β 股票其收益并不能弥补对应的系统性风险。此外 Ang et al.（2006）发现高特质波动率（Idiosyncratic volatility）的股票对应着低收益，并将这一现象称为特质波动率之谜。作为对传统波动指标的补充，特质波动率同样在中国市场受到了关注。左浩苗等（2011）对中国股票市场特质波动率与横截面收益率的关系进行经验研究，发现中国股票特质波动率与横截面收益率存在显著的负相关关系；刘莹等（2019）从融资融券角度研究了中国 A 股市场股票的特质性波动率之谜，并发现融券交易的活跃程度对于抑制融资融券标的股票"异质性波动率之谜"现象起主要作用；史永东和程航（2019）发现了以企业 IPO 首日收益率为代表的市场情绪同样可以部分解释特质波动率。

表 6-3 给出使用 β 和特质波动率因子与 GAN 模型预测收益进行双排序的组合构建结果，其中 β 和特质波动率指标参考 Fama and MacBeth（1973）和 Ali et al.（2003）构建而成，其中 β 使用各股周收益率与市场组合收益滚动回归得到，滚动窗口为 3 年计算公式为：

$$R_{i,t} = a_{i,t} + \beta_{i,t} R_{m,t} + \mu_{i,t} \tag{6.2}$$

$R_{i,t}$ 为个股收益，$R_{m,t}$ 为市场组合收益。特质波动率 IVOL 同样使用 3 年窗口期的个股周收益和周市场组合收益回归的残差取标准差计算得到。相比高波动股票，GAN 模型对于低 β 股票（Beta 中的 L 列）的预测能力更高，其多空组合月度收益为 0.74%（t=1.76），FF3 检验的 Alpha 为 0.78%（t=1.64）；GAN 模型对高特质波动率股票（IVOL 中的 H 列）的预测更为显著，多空组合月度收益为 0.79%（t=2.24），FF3 检验的 Alpha 为 0.71%（t=1.71）。

表 6-3 双排序组合结果——波动及不确定性

	BETA			IVOL		
	L	M	H	L	M	H
L	0.22	0.46	0.27	0.44	0.49	−0.34
M	0.81	0.64	0.48	0.91	0.62	0.31
H	0.96	0.52	0.50	1.25	0.59	0.45
H−L	0.74	0.06	0.23	0.81	0.10	0.79
T 值	1.76	0.22	0.77	1.82	0.28	2.24
FF3−a	0.78	−0.02	0.25	0.71	0.20	0.71
T 值	1.64	−0.06	0.74	1.44	0.55	1.71

注：标粗字体为在 5% 的显著性水平内显著。

GAN 模型对于低波动性股票的预测精度更高，其一，高波动性股票更多地包含了市场情绪等信息，本书模型使用的基本面数据无法全面反映这类信息，且更新频率较低（按年更新）影响了模型的响应能力；其二，姜富伟等（2021）指出中国股市存在明显的风险定价偏误，高波动

(贝塔)股票的风险与收益并不对等,因此模型在估计这类股票收益时会存在较大误差。

三、换手率和流动性

本节最后讨论 GAN 模型对不同流动性股票的预测能力,流动性同样是反映金融市场质量最重要的因素之一,Amihud and Mendelson(1986)定义流动性为完成交易所需要的时间或成本并发现流动性低的资产预期收益较高。流动性在不同视角下有不同的维度解释,如交易成本和交易速度等(Liu,2006)。相比海外市场中国股市存在更多的散户交易,市场换手率也更高(张峥和刘力,2006),众多研究均发现中国股市存在显著的流动性溢价,周芳和张维(2011)发现传统的 Fama-French 三因子模型并不能解释中国市场的流动性风险溢价;张峥等(2014)基于 1999—2009 年的股市数据研究比较了各类流动性指标,发现收盘前报价价差和有效价差优于其他间接指标,同时 Amihud 指标优于其他低频指标。

表 6-4 给出使用换手率和 ILLIQ 流动性因子与 GAN 模型预测收益进行双排序的组合构建结果,其中换手率指标和 ILLIQ 指标参考 Datar et al.(1998)和 Amihud(2002)构建而成。其中换手率的计算公式为:

$$TURN = VOL_t / LNS_t \tag{6.3}$$

VOL_t 为 t 期的总交易,LNS_t 为 t 期的总流通股票量,本书使用的 TURN 指标为最近 3 个月的均值。ILLIQ 指标定义为绝对收益除以交易量的最近 12 个月均值。可以看到,相比高换手率股票,GAN 模型对于低换手股票(TURN 中的 L 列)的预测能力更高,其多空组合月度收益为 0.79%(t=1.81),FF3 检验的 Alpha 为 0.80%(t=1.60);同样的,GAN 模型对低 ILLIQ 股票(ILLIQ 中的 L 列)的预测为显著的,多空组合月度收益为 0.75%(t=1.95),FF3 检验的 alpha 为 0.70%(t=1.51),而中高

ILLIQ 股票的多空组合收益并不显著。

高流动性、低换手率股票的股价更多地反映出基于基本面的价值信息。

表 6-4 双排序组合结果——流动性

	ILLIQ			Turn		
	L	M	H	L	M	H
L	0.00	0.75	1.33	0.14	0.25	0.22
M	0.44	0.88	1.47	0.89	0.45	0.52
H	0.75	0.85	1.33	0.93	0.79	0.72
H–L	0.75	0.10	0.00	0.79	0.54	0.50
T 值	1.95	0.34	0.00	1.81	1.76	1.51
FF3–a	0.70	0.02	0.04	0.80	0.53	0.51
T 值	1.51	0.05	0.14	1.60	1.54	1.33

注：标粗字体为在 5% 的显著性水平内显著。

总结上述实证结果可以发现，GAN 模型整体上对低波动、高流动性的股票预测精度更高。低波动、高流动性的股票在市场内可定位为"蓝筹股"，这类企业运营稳定，行业前景清晰，企业具有较强的竞争力和成长性，本身可预测性较高。此外，本书使用的特征大多为基本面数据，因此对于具有稳定基本面特征的高质量"蓝筹股"预测性更好。

第四节 深度学习因子的宏观经济机制分析

通过前文的研究，本书发现深度学习模型 GAN 能够对资产收益进行有效的预测。那么，用深度学习法构造的因子与哪些经济机制相关？如何更深入地理解与宏观经济、市场状态之间的关联？本节重点从我国的宏观经济活跃度、经济与市场的不确定性、市场情绪等多方面进行研究。

本式采取如下的回归方程研究深度学习因子受到哪些因素的影响：

$$HL_{GAN,t} = \alpha + \beta_{MKT}(r_{MKT,t} - r_{f,t}) + \beta_{SMB}r_{SMB,t} + \beta_{HML}r_{HML,t} +$$
$$\beta_{RMW}r_{RMW,t} + \beta_{CMA}r_{CMA,t} + \varphi Dummy_t^{high} + \varepsilon_t \qquad (6.4)$$

其中，被解释变量 $HL_{GAN,t}$ 代表第 t 期由 GAN 方法构造的多空对冲组合的超额收益，这里称为深度学习因子。式（6.4）中，使用 Fama-French 五因子模型中的市场因子、规模因子、价值因子、盈利因子和投资因子，分别用 $(r_{MKT,t} - r_{f,t})$、$r_{SMB,t}$、$r_{HML,t}$、$r_{RMW,t}$、$r_{CMA,t}$ 表示，作为解释多空对冲组合收益的控制变量。对于每一个经济变量，在样本期内按照二分法分成高、低两个时期，并构造虚拟变量 $Dummy^{high}$（指标处于取值较高的时期）。如果某个经济变量能对多空对冲组合收益产生影响，则一般有较显著的估计系数 φ。相较于月度重构的投资组合，许多与宏观经济相关的变量是季度甚至更低频的数据，因此参考 Avramov et al.（2020）在探讨资产收益与经济周期关联时采用的方法，构造虚拟变量的方式进行分析。本节使用的宏观经济或市场状态变量均来源于 WIND 数据库。

一、与深度学习因子负向关联的经济变量

首先我们总结了与深度学习因子存在负向关联的经济变量，即当经济处于这些变量的高值区间时，深度学习因子捕捉到的正向预期收益关系将减弱。不少学者已经研究了我国股票市场与宏观经济状态之间的关系。陈国进等（2018）发现宏观经济长期风险能够有效预测和解释我国股市收益。Huang et al.（2015）和 Jiang et al.（2019）的研究发现高投资者情绪或经理人情绪能够显著预测未来较低的市场收益。本书的研究发现较高的新增固定资产投资、社会消费品零售总额、社会融资规模以及再贴现利率将减弱深度学习因子的收益预测效果。

表 6-5 采取了式（6.4）中的回归方程，展示了负向影响深度学习因子的经济变量，φ 即是这些变量处于较高值时对深度学习因子月度收益

的影响程度。此外，回归方程中本书控制了 Fama-French 模型中的五因子成分，这使得本书的结果尽量排除了传统的风险模型所揭示的股票收益变动因素。

表 6-5 负向影响深度学习因子的经济变量

宏观经济变量	新增固定资产投资	社会消费品零售总额	社会融资规模	IPO首日收益率	再贴现利率
α	2.18	2.93	2.60	1.70	1.13
	[2.36]	[2.58]	[3.04]	[2.75]	[2.20]
φ	−1.62	−2.28	−2.03	−1.90	−1.66
	[−1.69]	[−2.07]	[−1.93]	[−2.15]	[−2.39]
MKT	0.34	0.32	0.36	0.35	0.33
	[1.40]	[1.56]	[1.61]	[2.04]	[1.57]
SMB	−0.07	−0.09	−0.05	−0.13	−0.09
	[−0.32]	[−0.30]	[−0.17]	[−0.40]	[−0.30]
HML	0.22	0.21	0.19	0.20	0.21
	[1.82]	[1.77]	[1.65]	[1.77]	[1.84]
RMW	0.53	0.51	0.49	0.49	0.47
	[1.48]	[1.44]	[1.36]	[1.42]	[1.51]
CMA	−0.34	−0.37	−0.37	−0.30	−0.40
	[−1.15]	[−1.21]	[−1.44]	[−0.99]	[−1.29]

注：中括号中为对应的显著性 t 值。

从表 6-5 中的结果可以发现，当我国的宏观经济处于扩张状态时，深度学习因子的预测效果有所降低。其中，当企业的新增固定资产投资处于高值时，深度学习因子所带来的月度超额收益会降低 1.62%（$t=-1.69$）。此时，企业由于将资金更多地投入新增的大型项目中，增加了它们未来的偿还债务压力，增大了未来获取现金流的风险，因此降低了深度学习因子的预测收益。这证明深度学习因子能够捕捉到新增固定资产投资所带来的风险信息。另外，当社会消费品零售总额上升时，深度学习因子所带来的超额收益会下降 2.28%（$t=-2.07$）。根据基于消费的资产定价模型,当投资者更加倾向于将资产进行消费时,其金融资产的收益率将降低。当社会融资规模较大或 IPO 首日收益率较高时,深度学习因子的月度收益率会分别降低 2.03%（$t=-1.93$）或 1.90%（$t=-2.15$）。社会融资规模较大或 IPO 首日收益率较高往往意味着投资者情绪处于一个较高的状态,因此股票市场价格易于处在偏离均衡价格的水平。由于深度学习因子捕捉到的是基于公司基本面特征的有效信息,因此非理性的市场偏离将降低深度学习因子的预测有效程度。最后,本书发现当再贴现利率处于较高状态时,深度学习因子的月度超额收益将降低 1.66%（$t=-2.39$）。再贴现利率反映了央行对宏观经济的调控程度,当再贴现利率较高时,央行试图抑制宏观经济过热,间接提高企业融资成本的同时抑制了市场的流动性,造成市场的大幅波动,最终使得基于企业基本面的深度学习因子预测能力下降。此外,值得注意的是,在表 6-5 的结果中,原本深度学习因子能够产生显著的超额收益,而一旦上述的经济变量处于高值区间时,这些显著的超额收益会降低不少。因此,在使用深度学习方法进行投资实践中,应特别注意上述的宏观经济以及市场风险。

总体而言,我国的宏观经济处于较高的新增固定资产投资、社会消费品零售总额、社会融资规模以及再贴现利率时,意味着宏观经济有可能处于过热或者投资者非理性的状态,因此基于公司基本面特征提取的深度学习因子的预测收益会下降。这也说明深度学习因子的有效程度与宏观经济状态息息相关,它捕捉到了我国宏观经济或金融市场中潜在的风险因素。

二、与深度学习因子正向关联的经济变量

接下来探讨与深度学习因子存在正向关联的经济变量,即当经济处于这些变量的高值区间时,深度学习因子捕捉到的正向预期收益关系将增强。本书发现较高的市场波动率、美国贸易政策不确定性、外贸货物

量、CPI 环比、消费者满意度将提升深度学习因子的预测效果。不少研究也涉及了这些经济指标与金融市场的关系。邓可斌等（2018）指出宽松的宏观经济政策能有效地降低我国股市的系统性风险。何国华和李洁（2018）指出一国货币的价值往往会通过跨境资本的国际风险承担渠道效应，提高或降低金融危机发生的可能。随着近几年美国在全球的贸易政策不确定性增加，其对中国市场的影响程度也在不断变化。朱小能等（2018）和贾盾等（2019）都指出预期外的货币政策或经济政策的不确定性都会对资本市场收益产生影响。

表 6-6 同样采取了式（6.4）中的回归方程，展示了正向影响深度学习因子的经济变量，φ 即是这些变量处于较高值时对深度学习因子月度收益的影响程度。

表 6-6 正向影响深度学习因子的经济变量

宏观经济变量	市场波动率	美国贸易政策不确定性	外贸货物量	CPI 环比	消费者满意度
α	−0.12	−0.39	−1.04	−0.07	0.54
	[−0.26]	[−0.60]	[−0.84]	[−0.14]	[0.84]
φ	2.35	1.92	2.20	2.01	2.19
	[2.49]	[2.48]	[1.70]	[2.49]	[1.85]
MKT	0.30	0.37	0.29	0.32	0.40
	[1.37]	[1.62]	[1.34]	[1.49]	[1.40]
SMB	−0.07	0.01	−0.10	−0.04	0.03
	[−0.32]	[0.02]	[−0.35]	[−0.15]	[0.10]
HML	0.20	0.22	0.23	0.23	0.20
	[1.89]	[2.63]	[2.03]	[2.38]	[1.77]
RMW	0.39	0.41	0.37	0.36	0.39
	[1.48]	[1.23]	[1.18]	[1.25]	[1.11]
CMA	−0.36	−0.48	−0.43	−0.52	−0.40
	[−1.10]	[−1.56]	[−1.57]	[−2.10]	[−1.36]

注：中括号中为对应的显著性 t 值。

对表 6-6 的结果进行分析可以发现，当我国金融市场和外贸较活跃（波动率大），外部市场不确定性较大，物价指数和消费者满意度较高时，深度学习因子的超额收益率将显著增加。具体而言，当我国的市场波动率处在较高区间时，此时的深度学习因子月度收益率会增加 2.35%（t=2.49）。这说明市场较为活跃，不确定性较高时，深度学习方法的有效程度更高。而当美国的贸易政策不确定性增强时，此时深度学习因子的月度收益率会提高 1.92%（t=2.48）。这说明美国的贸易政策一旦处在比较混乱的时期，对我国来讲并不一定是负向影响，只要我国坚持现有的对外开放政策，依然能够有助于我国企业获取更高的现金流，进而有更高的股票收益。这一结论也可以通过外贸货物量的实证结果作为佐证：当我国的外贸货物量较高时，深度学习因子的月度超额收益会增加 2.20%（t=1.70）。这说明繁荣的对外贸易有助于我国企业更好地进行生产，进而获取更高的利润。CPI 环比处于较高水平时，深度学习因子的月度收益将增加 2.01%（t=2.49）。此时的物价指数较高，短期内企业通过售卖产品获得的现金流较高，因此收益上升。当消费者满意度较高时，此时深度学习因子的月度收益上升 2.19%（t=1.89）。这说明消费者满意度较高时，消费者对企业产品甚至是企业资产的青睐程度较高，此时企业基本面特征得到进一步改善的可能性较大，而深度学习因子正好能捕捉到这部分信息。同样值得关注的是，在表 6-6 的结果中，在控制了经济变量后，深度学习因子本不能产生显著的超额收益，只有当上述的经济变量处于高值区间时，才能获得显著的超额收益。因此，在使用深度学习方法进行投资实践中，应特别关注上述的经济变量反映的市场状态，把握较好的投资机会。

总体而言，当我国的市场波动率、外贸货物量、CPI 环比、消费者满意度较高，而美国贸易政策不确定性较大时，我国的经济和市场状态较为活跃，而外部世界的不确定性较高，此时深度学习因子捕捉到了企业基本面的这些特征，因此能获得更显著的超额收益。

第五节　本章小节

本章主要对机器学习背后的经济机制进行了讨论和解释。首先，研究了组合换手率和经济重要度。等权重组合中，基于各机器学习模型的多空收益组合 HL 计算其月度平均换手率，发现除 PCA 外其他模型的换手率均超过了 100%，其中神经网络类模型的换手率要高于其他模型，最高的 3 层神经网络模型换手率达到了 191.79%。此外，当交易费用为 0.125% 时，OLS、LASSO、Ridge、EN 模型的收益变为不显著，其他算法组合收益仍在 5% 的显著性水平内显著；当交易费用变为 0.25% 时，除上述模型外，PCA 模型的收益也变为了不显著。

基于流通市值加权的投资组合换手率要小于等权重组合，说明等权重组合的高收益更多来自小市值股票，使用流通市值加权的组合换手操作较少。在交易费用方面，由于流通市值加权的组合整体收益较低，0.125% 费用下相比等权重组合结果，PCA、PLS 和一层 LSTM 模型收益变为不显著，当费用变为 0.25% 时两层 FFN 和 LSTM 模型收益也变为不显著。

其次，本章第二部分以生成式对抗网络 GAN 实证结果为例进行了进一步的经济学讨论，包括因子重要度分析、微观机制分析以及宏观经济周期分析。在对各因子重要度进行归一化处理后，将影响定价的重要特征因子分为三类：第一类为价格及交易量趋势类；第二类为流动性指标类；第三类为基本面指标类。

微观机制分析中，我们考虑了基于错误定价的资产收益变化，使用了交易摩擦、波动及不确定性以及换手率与流动性等三类指标结合模型收益预测结果对资产进行条件双排序。对上述三类错误定价异象的分析可以发现，GAN 模型整体上对低波动、高流动性的"蓝筹股"预测精度更高，主要原因在于模型结构和使用的数据更多地反映了股票的基本面信息。

最后，为了验证模型在宏观经济波动中的有效性，我们引入了宏观经济指标作为虚拟变量分析深度学习因子在不同环境下的定价能力。总体而言，我国的宏观经济处于较高的新增固定资产投资、社会消费品零售总额、社会融资规模以及再贴现利率时，表明宏观经济有可能处于过热或者投资者非理性的状态，因此基于公司基本面特征提取的深度学习因子的预测收益会下降。而当我国的市场波动率、外贸货物量、CPI 环比、消费者满意度较高，而美国贸易政策不确定性较大时，我国的经济和市场状态较为活跃，而外部世界的不确定性较高，此时深度学习因子捕捉到了企业基本面的这些特征，因此能获得更显著的超额收益。

本章以上一章实证结果为基础，构建了机器学习背后的经济学研究框架，分析了机器学习在提升实证模型定价和预测能力方面的经济机制，为后续研究提供了借鉴。经济机制分析对于实证资产定价研究具有重要的作用，一方面通过分析模型的有效性可以帮助投资者在面对不同投资标的和不同投资环境下达到最优的资产配置；另一方面对于模型定价逻辑的研究可以揭示市场的运行环境，有助于监管者通过实行反周期政策来降低市场波动风险。基于上述两点，本章的研究成果同时具有重要的社会意义。

第七章 结论与展望

本章对全文进行总结。主要结构如下：首先，对第四章、第五章和第六章的研究逐一进行总结；其次，根据研究结论得到本书在相关领域的研究启示；最后，通过总结研究过程给出本书的不足之处，结合本书中的不足和已有的研究，对未来进一步的研究进行展望。

第一节　主要结论

人工智能创新带动了各行各业的高速发展。金融科技领域，通过梳理传统金融数据并引入人工智能，政府和金融中介在政策制定、风险管控、市场调节等方面取得了突破。机器学习作为人工智能的重要分支，将模型训练和预测引入资产定价领域，一方面可以解决当下高维数据处理带来的过拟合等问题，另一方面通过降维和特征工程可以提高定价信息的信噪比，进一步提升中国资本市场的有效性。本书将人工智能与资产定价相结合，突破了以往信息集单一的约束，解决了传统多因子定价模型使用因子数"太少"的问题，从大数据的角度拓宽了模型的有效性，提升了模型的定价和预测能力。在此基础上本书以具体的金融学问题为出发点，使用基于机器学习的定价模型从宏观和微观两个角度对目前中国市场存在的风险异象做出解释，揭露了风险与收益这一对变量之间的交互影响。

本书首先在第四章探讨了中国股市长期存在的"高风险、低收益"异象，将机器学习的探索范围从传统收益预测扩展到风险测度领域。本章使用包括主成分回归、偏最小二乘回归、弹性网络和随机森林等机器学习算法结合 666 个宏微观大数据进行系统性风险建模，充分挖掘了大数据蕴藏的预测信息，更灵活、更智能地测度我国股票市场系统性风险。基于月度数据研究了静态 CAPM 模型对风险补偿收益的解释力，发现国内股票市场长期存在 CAPM 模型斜率 β 过于平坦和截距 α 显著大于 0 的现象，而使用基于机器学习的动态 CAPM 模型后显著降低了定价偏误，其中非线性随机森林算法对异象的解释力最高达到了 96%。其次扩展研究了 Fama-French 三因子模型对于风险定价偏误的解释力，同样发现静态的 FF3 模型无法完全解释贝塔异象，而在引入基于机器学习的动态 FF3 模型后，定价偏误在样本周期内被完整解释（超额收益降低为 0）。最后使用上证股票样本数据进行了稳健性检验，进一步佐证了研究结果。

本书在第五章研究了机器学习对于中国股市收益的可预测性，主要分为两部分。

第一部分为基于机器学习的个股收益预测研究。使用四类机器学习模型并结合中国 A 股市场收益和特征大数据进行多因子模型建模和个股收益预测。本书发现线性模型中，引入惩罚项的三类算法预测水平接近，其中弹性网络算法 R^2 达到了 0.23%，高于 LASSO 和岭回归；主成分分析和偏最小二乘法预测精度分别为 0.36% 和 0.37%，高于弹性网络模型。在模型比较中，我们发现非线性模型相比线性模型具有更好的预测能力，主要原因在于变量间的非线性信息完善了实证模型。两类树形模型的 R^2 达到了 0.40% 和 0.46%，神经网络模型中，GAN 模型表现最优，其特有的动态学习功能使得模型在市场波动的情况下相对更为稳定，其次是 LSTM 和 FFN 模型。FFN 模型中多层网络要优于浅层网络，其中 3 层网络 R^2 为 0.59%。LSTM 模型引入了数据的时序特征，4 层 LSTM 模型

R^2 达到了 0.71%，高于浅层 LSTM。最后的 GAN 模型进一步增加了动态"学习特征"，R^2 达到了 0.89%。按月选取市值最大（top500）和最小的（bottom500）500 只股票子样本，发现在 top500 样本中，各模型预测能力相比全样本出现了一定的下降，与之相对应的是 bottom500 样本中的预测结果好于全样本。

第二部分在个股收益预测的基础上从投资组合视角考察了各类机器学习算法在"择时"和"择股"能力上的差异。时序分析方面，构建了 18 个组合并分别计算了每个组合的预测收益和其对应的预测精度 R^2。发现作为基准的 OLS 模型表现最差，18 个组合中仅有 8 个组合预测为正，且集中在小市值组合中。PCA 和 PLS 模型在各组合中的预测 R^2 均为正值，各模型在小市值组合中的表现要好于大市值，与上节中横截面个股预测结论保持一致。非线性模型表现依旧要好于线性模型，GAN 模型在小市值组合中 R^2 大多超过了 3%，其他神经网络模型稍逊于 GAN，但也保持了大多数正向的预测能力，两类树形模型表现均好于线性模型，并且在各组合中相比神经网络均保持了正的收益。横截面分析方面，基于各股预测数据构建了等权重和流通市值加权的两类投资组合，并发现相比简单的线性回归模型，各类机器学习算法均可以获得较高的多空组合超额收益和夏普比率，其中等权重加权的组合中，表现最好的为 LSTM4 模型，HL 组合年化收益为 15.6%，夏普比率为 1.13。市值加权组合中表现最好的为 GAN 模型，其 HL 组合年化收益为 13.56%，夏普比率为 0.71。同时本书使用 Fama-French 因子模型来验证各机器学习算法的多空组合超额收益显著性，发现使用机器学习尤其是非线性模型可以获得超过传统模型的收益。

本书第六章给出了基于机器学习的资产定价模型可解释性与经济机制分析。本章从实证结论出发，首先引入换手率和手续费的概念来分析基于机器学习构建的多空投资组合超额收益的变化，发现不论是等权重还是市值加权组合，其多数机器学习模型换手率均超过了 100%，而在引入单边手续费率后，相比线性模型，非线性模型的组合超额收益结果仍然经济性显著。在因子重要度分析中，考虑到不同的因子对于资产定价的权重不同，通过对其预测能力排序揭示了影响我国股票市场定价的几大重要特征，主要分为三类：第一类为价格及交易量趋势类；第二类为流动性指标类；第三类为基本面指标类。整体上前 10 大特征因子贡献度占到了所有因子的 40% 左右。

此外，本章还使用了交易摩擦、波动及不确定性以及换手率和流动性等三类指标研究深度学习模型 GAN 对于不同微观特征股票是否具有同样的预测能力。发现 GAN 模型整体上对大市值、低波动、高流动性的股票预测精度更高，其主要原因在于本书使用的特征数据主要基于企业基本面。最后为了更深入地理解模型与宏观经济、市场状态之间的关联，从我国的宏观经济活跃度、经济与市场的不确定性、市场情绪等多方面进行研究，并构建了以宏观指标为虚拟变量的回归模型，发现模型在不同经济周期其定价能力有显著的不同。总体而言，我国的宏观经济处于较高的新增固定资产投资、社会消费品零售总额、社会融资规模以及再贴现利率时，表明宏观经济有可能处于过热或者投资者非理性的状态，因此，基于公司基本面特征提取的深度学习因子的预测收益会下降。而当我国的市场波动率、外贸货物量、CPI 环比、消费者满意度较高，而美国贸易政策不确定性较大时，我国的经济和市场状态较为活跃，而外部世界的不确定性较高，此时深度学习因子捕捉到了企业基本面的这些特征，因此能获得更显著的超额收益。

第二节 启示

资产定价理论发展至今，由最初的 CAPM 单因子模型到后来的 Fama-French 多因子模型，伴随着大量异象因子的挖掘。在"因子动物园"概念提出后，学术界开始关注各类因子的有效性和持续性。过多的因子数量导致原有线性模型不再可行，同时弱化了投资者对其中经济逻辑的认知。本书将机器学习引入到资产定价领域主要基于三点考量：其一，预测研究是资产定价领域的重要课题，而机器学习诞生之初就用来预测；其二，超多因子导致的高维问题可以通过机器学习来解决；其三，通过模型选择和特征工程可以揭示因子对于定价的影响。通过全书的实证分析，可以得到如下四点启示。

（1）传统多因子模型具有局限性。首先，传统模型的简单的线性回归架构无法处理高维因子数据，而本书使用的 4 类机器学习模型均解决了过拟合问题，在实证中预测精度显著高于线性回归模型；其次，传统的多因子模型存在较大的定价偏误，如本书使用机器学习算法构造的多空投资组合超额收益无法被 Fama-French 五因子模型所解释；最后，在异象解释方面，传统模型不如基于机器学习的动态因子模型。上述问题本书在实证中已经过验证，而传统模型局限性的主要原因在于其无法很好地处理"超多"特征变量，有效信息提取不足，同时忽略了变量间的非线性关联。

（2）非线性模型的潜力巨大。本书在利用机器学习进行实证资产定价研究时对比了线性和非线性两类算法的表现，发现非线性模型在各股和组合层面表现均显著优于线性模型，而作为首次在国内股票市场应用的生成式对抗网络模型，得益于其动态"博弈"的非线性结构，模型的各股预测精度为 0.89%，流通市值加权的多空投资组合夏普比率为 0.71，均为同期模型中最高。随着新媒体的发展，大量的非结构化数据在应用过程中的非线性特征将更为显著，非线性模型将成为今后资产定价领域的重点研究方向。

（3）机器学习中的样本存在非对称性。本书在实证中发现对于不同市值的样本集，机器学习的预测能力有所不同，小市值股票中的 R^2 要高于大市值股票，且不同模型的结果保持了一致。而在第五章的进一步研究中同样发现了机器学习在不同子样本和不同宏观周期下的表现存在差异。事实上，诸多金融问题均具有非对称性，如尾部风险等，而通过揭示这类特征有助于我们更好地理解市场。

（4）机器学习的"黑箱"正在被逐步揭开。单纯地使用机器学习进行模型训练和预测可能在部分现实场景中已经足够，但对于金融市场，如果无法了解其中的内在逻辑就不能有效地进行资产定价和组合构建，同时金融市场内生性的问题会导致过往样本中的定价因子失效。本书通过经济显著性分析、因子重要度排序分析、条件双排序研究和宏观环境分析等方法，在逐步挖掘机器学习的可解释性，相信随着后续更多学术研究的开展，对机器学习的理解将进一步完善。

本书的其他启示还主要表现为对我国金融市场改革和监管的政策指导上。我国金融市场发展迅速，但相比美国等西方发达国家的成熟市场，我国的证券市场还是一个新兴市场，在我国股票市场显著存在着高风险低收益的状况，投资者对于风险的认知不足，监管机构要加强市场风险提示，尽可能杜绝市场炒作引发的过度投机现象；监管者在防范金融风险时要较多留意投机类股票，关注市场资金流向，减少操纵市场的行为，构建合适的退市机制，对于常年亏损的企业实行有效的监管；监管机构在考虑股票市场风险时可以更多地关注市场收益情况，对于大幅度的市场收益变动要实施相应的风险管控举措。

第三节　研究不足和未来研究展望

本书围绕机器学习在中国股票市场的应用来开展研究，在数据端包括了企业微观特征数据和宏观经济周期指标，在模型端引入了常见的4类机器学习模型，尽可能地覆盖以往文献中的模型构建方法和预测分析流程。当然，本书限于篇幅，仍存在如下研究不足。

（1）数据使用广度仍存在扩展空间。本书的数据主要是结构化的微观和宏观特征，随着新媒体和互联网的发展，以文本、图片、视频等为代表的非结构化数据库在飞速增长，而这些数据中包含了众多的市场有效信息，例如情绪指标等。将非结构化数据引入资产定价模型中可以显而易见地增强模型的定价能力，是未来资产定价领域的重要研究方向。

（2）机器学习算法仍需要优化。本书在第三章进行模型介绍时对各类模型的调参方法进行了描述，但实际上对于不同的样本集和不同的样本区间，模型训练并不能一概而论。如本书使用的时序验证的方法，采用近期的样本数据进行模型验证，但在传统机器学习领域更多地采用交叉验证的方法，交叉验证可以大幅度地扩张验证样本数据使得训练模型更为稳定，金融市场数据具有先天的样本量不足缺陷，使用交叉验证的方法可以缓解这类问题，但同时破坏了数据的时序特征。因此，后续研究可以进一步考虑更适合金融市场的模型训练和调参方法。

对于本书的未来研究展望，同样可以归纳为如下三点。

（1）使用机器学习解释更多的异象。本书最后介绍了基于机器学习的动态CAPM模型对于市场贝塔异象的解释，而机器学习在构建动态 β 系数时使用了宏微观特征数据集，包含了众多企业特征和宏观环境指标，过往不少文献指出市场异象存在阶段性和特征化。因此，可以预见的是使用本书的动态CAPM模型结合大量的有效信息可以解释相当数量的其他市场异象。

（2）机器学习对于其他金融问题的分析。虽然收益预测是资产定价领域的一个核心话题，但其实当下很多金融问题都可以通过机器学习来进行改进和升华。例如，3月美股单月市场跌幅达到了20%以上。这类"崩盘"风险被不少学者认为是小概率事件，但实际中不少机构通过提前做空市场获利颇丰。那么对于"崩盘"风险，是否可以通过机器学习来进行预测？答案似乎是正面的，这有待我们进行后续研究。

（3）更深入的学习模型。现阶段计算机领域越来越多的改进模型被提出，包括在模型架构改良、损失函数动态修正、参数调整多维化等，这些新模型在考虑适用性的前提下均可以引入金融领域进行应用。此外，考虑到单一模型可能受噪声扰动的影响较大，可采用集成学习的方法来将几个模型并联使用提升效率。

金融科技为传统金融系统带来了全新的架构和突破，而人工智能作为其中重要的工具也在不断创新和改变着金融和实体经济。除去本书介绍的领域外，人工智能还在许多其他领域作出了广泛贡献，例如就业率增长、生产力提升、系统风险降低以及社会发展等。新的金融创新将在这些领域产生前所未有的新机遇，使得任何时间、任何地点、任何人以及任何形式的金融经济需求成为可能。作为人类的发明创造，人工智能正在逐步理解人类、学习自然和宇宙的运作和演化方式，并基于神经科学和心理学的探索模仿和形成人类特有的情感认知、学习和解决问题的思维逻辑以及决策机制等。而对于底层技术的革新将进一步推动金融科技的发展，形成新的金融经济体系和服务形式。

人工智能在发展过程中同样要面对诸多问题。智能生态在带来社会经济效益的同时，也产生了越来越多的社会伦理问题，如不公平的市场竞争、不够透明的价格机制、对于生产和人力资源的掠夺和控制等。在这其中凸显了滥用人工智能导致的道德风险问题。对于政府而言，需要采取合理的监管措施，并制定相应的市场规则，以减轻人工智能的负面影响，促进新兴金融科技的发展。

此外，作为人工智能与经济金融研究的跨学科创新，智能经济金融生态更加强调的是对于特定区域的适用性。任何经济金融体系和活动都受到地缘政治和地理文化的影响。人工智能的目标不仅是广义上经济金融的智能化，更是对地缘政治和地理文化的创新和优化。分析不同国家的政治制度、文化、语言和地理差异，并将这种独特性和差异性嵌入到智能经济，这将推动人工智能的深度化创新。中国经济在疫情期间仍然保持了稳定的增长，这其中不仅得益于我国对于疫情控制的决心，同样证明了中国数字化经济的成功，大量的线上消费和居民日常交易活动需要足够的人工智能技术的支持。而随着后疫情时代的来临以及"十四五"规划的提出，中国经济的持续繁荣和广大人民群众小康生活的实现离不开具有中国特色的金融科技的创新和发展。

参考文献

[1] 陈国进,张润泽,赵向琴.经济政策不确定性与股票风险特征[J].管理科学学报,2018,21(04):1-27.

[2] 陈卫华,徐国祥.基于深度学习和股票论坛数据的股市波动率预测精度研究[J].管理世界,2018,34(01):180-181.

[3] 邓可斌,关子桓,陈彬.宏观经济政策与股市系统性风险:宏微观混合β估测方法的提出与检验[J].经济研究,2018,53(08):68-83.

[4] 丁慧,吕长江,陈运佳.投资者信息能力:意见分歧与股价崩盘风险——来自社交媒体"上证e互动"的证据[J].管理世界,2018,34(09):161-71.

[5] 丁志国,苏治,赵晶.资产系统性风险跨期时变的内生性:由理论证明到实证检验[J].中国社会科学,2012,(04):83-102+206-207.

[6] 奉立城.中国股票市场的"周内效应"[J].经济研究,2000,(11):50-57.

[7] 高春亭,周孝华.公司盈利、投资与资产定价:基于中国股市的实证[J].管理工程学报,2016,30(04):25-33.

[8] 高秋明,胡聪慧,燕翔.中国A股市场动量效应的特征和形成机理研究[J].财经研究,2014,40(02):97-107.

[9] 韩燕龙.基于随机森林的指数化投资组合构建研究[D].广州:华南理工大学,2015.

[10] 姜富伟,涂俊,周国富,等.中国股票市场可预测性的实证研究[J].金融研究,2011(09):107-121.

[11] 姜富伟,马甜,张宏伟.高风险低收益:基于大数据和机器学习的动态CAPM模型的解释[J].管理科学学报,2021,24(01):109-126.

[12] 李斌,邵新月,李玥阳.机器学习驱动的基本面量化投资研究[J].中国工业经济,2019,(08):61-79.

[13] 李杰.基于随机森林算法的多因子选股模型研究[D].哈尔滨:哈尔滨工业大学,2019.

[14] 李政,朱明皓,范颖岚.我国金融机构的传染性风险与系统性风险贡献:基于极端风险网络视角的研究[J].南开经济研究,2019,(06):132-157.

[15] 李志冰,杨光艺,冯永昌,等.Fama-French 五因子模型在中国股票市场的实证检验[J].金融研究,2017,(06):191-206.

[16] 刘圣尧,李怡宗,杨云红.中国股市的崩盘系统性风险与投资者行为偏好[J].金融研究,2016,(02):55-70.

[17] 刘莹,肖欣荣,王铎.中国股市融资融券标的股票"异质性波动率之谜"研究[J].金融发展研究,2019,(11):3-15.

[18] 鲁臻,邹恒甫.中国股市的惯性与反转效应研究[J].经济研究,2007,(09):145-155.

[19] 陆磊,刘思峰.中国股票市场具有"节日效应"吗?[J].金融研究,2008,(02):127-139.

[20] 罗进辉,向元高,金思静.中国资本市场低价股的溢价之谜[J].金融研究,2017,(01):191-206.

[21] 孟杰.随机森林模型在财务失败预警中的应用[J].统计与决策,2014,(04):179-181.

[22] 孟庆斌,侯德帅,汪叔夜.融券卖空与股价崩盘风险——基于中国股票市场的经验证据[J].管理世界,2018,34(04):40-54.

[23] 孟雪井,杨亚飞,赵新泉.财经新闻与股市投资策略研究:基于财经网站的文本挖掘[J].投资研究,2016,35(08):29-37.

[24] 潘和平,张承钊.FEPA-金融时间序列自适应组合预测模型[J].中国管理科学,2018,26(06):26-38.

[25] 潘莉,徐建国.A股个股回报率的惯性与反转[J].金融研究,2011,(01):149-166.

[26] 彭莉.中国股票市场国际联动性实证研究[D].上海:上海社会科学院,2014.

[27] 史永东,程航.投资者情绪和资产定价异象[J].系统工程理论与实践,2019,39(08):1907-1916.

[28] 宋云玲,李志文.A股公司的应计异象[J].管理世界,2009,(08):17-24+187.

[29] 苏治,卢曼,李德轩.深度学习的金融实证应用:动态、贡献与展望[J].金融研究,2017,(05):111-126.

[30] 唐国豪,姜富伟,张定胜.金融市场文本情绪研究进展[J].经济学动态,2016,(11):137-147.

[31] 田利辉,王冠英,谭德凯.反转效应与资产定价:历史收益率如何影响现在[J].金融研究,2014,(10):177-192.

[32] 田利辉,王冠英,张伟.三因素模型定价:中国与美国有何不同?[J].国际金融研究,2014,(07):37-45.

[33] 汪炜,周宇.中国股市"规模效应"和"时间效应"的实证分析:以上海股票市

场为例 [J]. 经济研究, 2002,（10）: 16-21+30-94.

[34] 王国长, 梁焙婷, 王金枝. 改进的自适应 LASSO 方法在股票市场中的应用 [J]. 数理统计与管理, 2019, 38（04）: 750-760.

[35] 王淏淼. 中国上市公司存在财务困境异象吗？[D]. 大连: 东北财经大学, 2018.

[36] 王思文. 公司特征指标与股票市场异象 [D]. 大连: 东北财经大学, 2018.

[37] 王镇, 郝刚. 投资者情绪指数的构建研究——基于偏最小二乘法 [J]. 金融理论与实践, 2014,（07）: 1-6.

[38] 阎畅, 江雪. 动量与反转效应在中国股票市场的实证研究: 基于时间频率和市场状态的分析 [J]. 投资研究, 2018, 37（02）: 74-86.

[39] 杨子晖, 李东承. 我国银行系统性金融风险研究: 基于"去一法"的应用分析 [J]. 经济研究, 2018, 53（08）: 36-51.

[40] 尹力博, 韦亚, 韩复龄. 中国股市异象的时变特征及影响因素研究 [J]. 中国管理科学, 2019, 27（08）: 14-25.

[41] 曾志平, 萧海东, 张新鹏. 基于 DBN 的金融时序数据建模与决策 [J]. 计算机技术与发展, 2017, 27（04）: 1-5.

[42] 张春玲, 姜富伟, 唐国豪. 资本市场收益可预测性研究进展 [J]. 经济学动态, 2019,（02）: 133-148.

[43] 赵静梅, 吴风云. 数字崇拜下的金融资产价格异象 [J]. 经济研究, 2009, 44（06）: 129-141.

[44] 赵胜民, 闫红蕾, 张凯. Fama-French 五因子模型比三因子模型更胜一筹吗？——来自中国 A 股市场的经验证据 [J]. 南开经济研究, 2016,（02）: 41-59.

[45] 郑振龙, 汤文玉. 波动率风险及风险价格——来自中国 A 股市场的证据 [J]. 金融研究, 2011,（04）: 143-157.

[46] 周芳, 张维. 中国股票市场流动性风险溢价研究 [J]. 金融研究, 2011,（05）: 194-206.

[47] 周亮. 投资者情绪与动量效应: 基于 PLS 方法与残差动量的比较 [J]. 金融理论与实践, 2020,（11）: 10-21.

[48] 周亮, 王银枝. 中国股市低风险异象研究 [J]. 金融理论与实践, 2020（03）: 90-96.

[49] 周子昂, 尚瑞琪. 沪深 300 高频波动率的预测及应用: 基于深度学习的方法 [J]. 上海立信会计金融学院学报, 2019,（04）: 60-74.

[50] 左浩苗, 郑鸣, 张翼. 股票特质波动率与横截面收益: 对中国股市"特质波动率之谜"的解释 [J]. 世界经济, 2011, 34（05）: 117-135.

[51] Aharoni G, Grundy B, Zeng Q. Stock Returns and the Miller Modigliani Valuation Formula: Revisiting the Fama French Analysis [J]. Journal of Financial Economics,

2013, 110（2）: 347-357.

[52] Amihud Y, Noh J. Illiquidity and Stock Returns: Cross-Section and Time-Series Effects [J]. The Review of Financial Studies, 2021, 34（4）: 2101-2123.

[53] Ang A, Hodrick R J, Xing Y and Zhang X. The Cross-Section of Volatility and Expected Returns [J]. Journal of Finance, 2006, 61（1）: 259-299.

[54] Antweiler W, Frank M Z. Is All That Talk Just Noise? The information Content of internet Stock Message Boards [J]. Journal of Finance, 2004, 59（3）: 1259-1294.

[55] Arjovsky M, Chintala S, Bottou L. Wasserstein Gan [J]. arXiv preprint arXiv: 1701.07875, 2017.

[56] Bali T G, Demirtas K O, Tehranian H. Aggregate Earnings, Firm-level Earnings, and Expected Stock Returns [J]. Journal of Financial and Quantitative Analysis, 2008, 43 (3): 657-684.

[57] Ballings M, Van den Poel D, Hespeels N and Gryp R. Evaluating Multiple Classifiers for Stock Price Direction Prediction [J]. Expert Systems with Applications, 2015, 42 （20）: 7046-7056.

[58] Banz R W. The Relationship between Return and Market Value of Common Stocks [J]. Journal of Financial Economics, 1981, 9（1）: 3-18.

[59] Barberis N, Shleifer A, and Vishny R. A Model of Investor Sentiment [J]. Journal of Financial Economics, 1998, 49（3）: 307-343.

[60] Barillas F, Shanken J. Comparing Asset Pricing Models [J]. Journal of Finance, 2018, 73（2）: 715-754.

[61] Barunı́k J, Křehlı́k T. Combining High Frequency Data with Non-Linear Models for Forecasting Energy Market Volatility [J]. Expert Systems with Applications, 2016 （55）: 222-242.

[62] Basu S. Investment Performance of Common Stocks in Relation to Their Price-Earnings Ratios: a Test of the Efficient Market Hypothesis [J]. Journal of Finance, 1977, 32 (3): 663-682.

[63] Bhandari L. Debt/Equity Ratio and Expected Common Stock Returns: Empirical Evidence [J]. Journal of Finance, 1988, 43（2）: 507-528.

[64] Bianchi F, Ludvigson S C, Ma S. Belief Distortions and Macroeconomic Fluctuations [R]. Available at SSRN 3850118, 2020.

[65] Boguth O, Carlson M, Fisher A and Simutin M. Conditional Risk and Performance Evaluation: Volatility Timing, Over Conditioning, and New Estimates of Momentum Alphas [J]. Journal of Financial Economics, 2011, 102（2）: 363-389.

[66] Bryzgalova S, Pelger M, Zhu J. Forest through the Trees: Building Cross-Sections of

Stock Returns[R]. Available at SSRN 3493458, 2020.

[67] Buehlmaier M, Zechner J. Slow-Moving Real information in Merger Arbitrage[C]. Proceedings of The Annual Meeting of The European Finance Association, 2014.

[68] Butaru F, Chen Q, Clark B, et al. Risk and Risk Management in The Credit Card Industry[J]. Journal of Banking & Finance, 2016, (72): 218-239.

[69] Campbell J Y, Hilscher J, Szilagyi J. In Search of Distress Risk[J]. Journal of Finance, 2008, 63 (6): 2899-2939.

[70] Campbell J Y, Shiller R J. Stock Prices, Earnings, and Expected Dividends[J]. the Journal of Finance, 1988, 43 (3): 661-676.

[71] Campbell J Y, Thompson S B. Predicting Excess Stock Returns Out of Sample: Can Anything Beat the Historical Average?[J]. The Review of Financial Studies, 2008, 21 (4): 1509-1531.

[72] Carhart M. On Persistence in Mutual Fund Performance[J]. Journal of Finance, 1997, 52 (1): 57-82.

[73] Cederburg S, O'doherty M S. Does It Pay to Bet Against Beta? On the Conditional Performance of The Beta Anomaly[J]. Journal of Finance, 2016, 71 (2): 737-774.

[74] Chen J, Jiang F, Li H, et al. Chinese Stock Market Volatility and The Role of Us Economic Variables[J]. Pacific-Basin Finance Journal, 2016 (39): 70-83.

[75] Chen J, Jiang F, Liu Y, et al. International Volatility Risk and Chinese Stock Return Predictability[J]. Journal of international Money and Finance, 2017 (70): 183-203.

[76] Chen L, Novy-Marx R, Zhang L. An Alternative Three-Factor Model[R]. Available at SSRN 1418117, 2011.

[77] Chen L, Pelger M, Zhu J. Deep Learning in Asset Pricing[R]. Available at SSRN 3350138, 2020.

[78] Chen N, Roll R, Ross S A. Economic Forces and The Stock Market[J]. Journal of Business, 1986 (59): 383-403.

[79] Chen X, Lee C J, Li J. Government Assisted Earnings Management in China[J]. Journal of Accounting and Public Policy, 2008, 27 (3): 262-274.

[80] Chinco A, Clark A D, Ye M. Sparse Signals in The Cross-Section of Returns[J]. Journal of Finance, 2019, 74 (1): 449-492.

[81] Chordia T, Goyal A, Saretto A. Anomalies and False Rejections[J]. The Review of Financial Studies, 2020, 33 (5): 2134-2179.

[82] Cohen R B, Gompers P A, Vuolteenaho T. Who underreacts to Cash-Flow News? Evidence from Trading between Individuals and Investors[J]. Journal of Financial Economics, 2002, 66 (2-3): 409-462.

［83］Collin P, Johannes M, Lochstoer L A. Parameter Learning in General Equilibrium: The Asset Pricing Implications［J］. American Economic Review, 2016, 106（3）: 664-98.

［84］Conrad J, Kaul G. Mean Reversion in Short-horizon Expected Returns［J］. Review of Financial Studies, 1989, 2（2）: 225-240.

［85］Cooper M J, Gulen H, Schill M J. Asset Growth and The Cross - Section of Stock Returns［J］. Journal of Finance, 2008, 63（4）: 1609-51.

［86］Coqueret G, Guida T. Training Trees on Tails with Applications to Portfolio Choice［J］. Annals of Operations Research, 2020: 1-41.

［87］Cosemans M, Frehen R, Schotman P C and Bauer R. Estimating Security Betas Using Prior Information Based on Firm Fundamentals［J］. The Review of Financial Studies, 2016, 29（4）: 1072-1112.

［88］Culkin R, Das S R. Machine Learning in Finance: The Case of Deep Learning for Option Pricing［J］. Journal of investment Management, 2017, 15（4）: 92-100.

［89］Daniel K, Hirshleifer D, Subrahmanyam A. Investor Psychology and Security Market under- and overreactions［J］. Journal of Finance, 1998, 53（6）: 1839-1885.

［90］Daniel K, Titman S. Evidence on the Characteristics of Cross-Sectional Variation in Stock Returns［J］. Journal of Finance, 1997, 52（1）: 1-33.

［91］Daniel K, Titman S. Market Reactions to Tangible and intangible information［J］. Journal of Finance, 2006, 61（4）: 1605-1643.

［92］Ding X, Zhang Y, Liu T, et al. Using Structured Events to Predict Stock Price Movement: An Empirical Investigation［C］. Proceedings of the 2014 Conference On Empirical Methods in Natural Language Processing（EMNLP）, 2014.

［93］Fairfield P, Whisenant J, Yohn T. Accrued Earnings and Growth: Implications for Future Profitability and Market Mispricing［J］. The Accounting Review, 2003, 78（1）: 353-371.

［94］Fama E F, Blume M E. Filter rules and stock-market trading［J］. The Journal of Business, 1966, 39（1）: 226-241.

［95］Fama E F, French K R. A Five-Factor Asset Pricing Model［J］. Journal of Financial Economics, 2015, 116（1）: 1-22.

［96］Fama E F, French K R. Common Risk Factors in The Returns on Stocks and Bonds［J］. Journal of Financial Economics, 1993, 33（1）: 3-56.

［97］Fama E F, French K R. Dividend Yields and Expected Stock Returns［J］. Journal of Financial Economics, 1988, 22（1）: 3-25.

［98］Fama E F, French K R. The Cross - Section of Expected Stock Returns［J］. Journal of

Finance, 1992, 47（2）: 427-465.

[99] Fama E F, French K R. The Value Premium and the CAPM[J]. Journal of Finance, 2006, 61（5）: 2163-2185.

[100] Feng G, Giglio S, Xiu D. Taming the Factor Zoo: A Test of New Factors[J]. Journal of Finance, 2020, 75（3）: 1327-1370.

[101] Feng G, He J, Polson N G. Deep Learning for Predicting Asset Returns[J]. arXiv Preprint arXiv: 1804.09314, 2018.

[102] Ferson W E, Siegel A F. Stochastic Discount Factor Bounds with Conditioning information[J]. The Review of Financial Studies, 2003, 16（2）: 567-595.

[103] Ferson W E, Siegel A F. Testing Portfolio Efficiency with Conditioning information[J]. The Review of Financial Studies, 2009, 22（7）: 2735-2758.

[104] Feuerriegel S, Fehrer R. Improving Decision Analytics with Deep Learning: The Case of Financial Disclosures[J]. arXiv Preprint arXiv: 1508.01993, 2015.

[105] Frazzini A, Pedersen L H. Betting Against Beta[J]. Journal of Financial Economics, 2014, 111（1）: 1-25.

[106] Freyberger J, Neuhierl A, Weber M. Dissecting Characteristics Nonparametrically[J]. Review of Financial Studies, 2020（33）: 2326-2377.

[107] Gibbons M R, Ross S A, Shanken J. A Test of the Efficiency of A Given Portfolio[J]. Econometrica, 1989（57）: 1121-1152.

[108] Giglio S, Xiu D. Asset Pricing with Omitted Factors[J]. Journal of Political Economy, 2020, Forthcoming.

[109] Goh J C, Jiang F, Tu J, et al. Can Us Economic Variables Predict the Chinese Stock Market?[J]. Pacific-Basin Finance Journal, 2013（22）: 69-87.

[110] Grant D. Portfolio Performance and the "Cost" of Timing Decisions[J]. Journal of Finance, 1977, 32（3）: 837-846.

[111] Green J, Hand J R, Zhang X F. The Characteristics that Provide Independent Information about Average US Monthly Stock Returns[J]. The Review of Financial Studies, 2017, 30（12）: 4389-4436.

[112] Gu S, Kelly B, Xiu D. Autoencoder Asset Pricing Models[J]. Journal of Econometrics, 2021, 222（1）: 429-450.

[113] Gu S, Kelly B, Xiu D. Empirical Asset Pricing via Machine Learning[J]. The Review of Financial Studies, 2020, 33（5）: 2223-2273.

[114] Guida T, Coqueret G. Ensemble Learning Applied to Quant Equity: Gradient Boosting in A Multifactor Framework[J]. Big Data and Machine Learning in Quantitative investment, 2018: 129-148.

[115] Haddad V, Kozak S, Santosh S. Factor Timing[J]. The Review of Financial Studies, 2020, 33(5): 1980-2018.

[116] Hafzalla N, Lundholm R, Matthew Van Winkle E. Percent Accruals[J]. The Accounting Review, 2011, 86(1): 209-236.

[117] Hamid S A, Iqbal Z. Using Neural Networks for Forecasting Volatility of S&P 500 Index Futures Prices[J]. Journal of Business Research, 2004, 57(10): 1116-1125.

[118] Han Y, He A, Rapach D and Zhou G. Firm Characteristics and Expected Stock Returns[J]. Available at SSRN 3185335, 2019.

[119] Han Y, Zhou G, Zhu Y. A Trend Factor: Any Economic Gains from Using Information Over investment Horizons?[J]. Journal of Financial Economics, 2016, 122(2): 352-375.

[120] Hansen L P, Richard S F. The Role of Conditioning Information in Deducing Testable Restrictions Implied by Dynamic Asset Pricing Models[J]. Econometrica, 1987(55): 587-613.

[121] Harvey C R, Liu Y, Zhu H....and The Cross-Section of Expected Returns[J]. The Review of Financial Studies, 2016, 29(1): 5-68.

[122] Haugen R A, Baker N L. Commonality in The Determinants of Expected Stock Returns[J] Journal of Financial Economics, 1996, 41(3): 401-439.

[123] Heaton J, Polson N G, Witte J H. Deep Learning in Finance[J]. arXiv Preprint arXiv: 1602.06561, 2016.

[124] Hinton G E, Osindero S, Teh Y-W. A Fast-Learning Algorithm for Deep Belief Nets[J]. Neural Computation, 2006, 18(7): 1527-1554.

[125] Hinton G E, Srivastava N, Krizhevsky A, et al. Improving Neural Networks by Preventing Co-Adaptation of Feature Detectors[J]. arXiv Preprint arXiv: 1207.0580, 2012.

[126] Hirshleifer D, Hou K, Teoh S H, et al. Do Investors Overvalue Firms with Bloated Balance Sheets?[J]. Journal of Accounting and Economics, 2004(38): 297-331.

[127] Hornik K, Stinchcombe M, White H. Multilayer Feedforward Networks Are Universal Approximators[J]. Neural Networks, 1989, 2(5): 359-366.

[128] Hou K, MOH, Xue C, Zhang L. An Augmented Q-factor Model with Expected Growth[J]. Review of Finance, forthcoming.

[129] Hou K, MOH, Xue C, Zhang L. Digesting Anomalies: An Investment Approach[J]. Review of Financial Studies, 2015, 28(3): 650-705.

[130] Hou K, Xue C, Zhang L. Replicating Anomalies[J]. The Review of Financial

Studies, 2020, 33（5）: 2019-2133.

［131］Hu G X, Chen C, Shao Y, et al. J. Fama‐French in China: Size and Value Factors in Chinese Stock Returns［J］. International Review of Finance, 2019, 19（1）: 3-44.

［132］Huang A H, Zang A Y, Zheng R. Evidence on the information Content of Text in Analyst Reports［J］. The Accounting Review, 2014, 89（6）: 2151-2180.

［133］Huang D, Jiang F, Tu J, et al. Investor Sentiment Aligned: A Powerful Predictor of Stock Returns［J］. The Review of Financial Studies, 2015, 28（3）: 791-837.

［134］Huck N. Large Data Sets and Machine Learning: Applications to Statistical Arbitrage［J］. European Journal of Operational Research, 2019, 278（1）: 330-342.

［135］Hutchinson J M, Lo A W, Poggio T. A Nonparametric Approach to Pricing and Hedging Derivative Securities via Learning Networks［J］. Journal of Finance, 1994, 49（3）: 851-889.

［136］Ioffe S, Szegedy C. Batch Normalization: Accelerating Deep Network Training by Reducing Internal Covariate Shift［C］. Proceedings of the International Conference On Machine Learning, 2015.

［137］Jagannathan R, Wang Z. The Conditional CAPM and The Cross-Section of Expected Returns［J］. Journal of Finance, 1996, 51（1）: 3-53.

［138］Jegadeesh N, Titman S. Returns to Buying Winners and Selling Losers: Implications for Stock Market Efficiency［J］. Journal of Finance, 1993, 48（1）: 65-91.

［139］Jegadeesh N, Wu D. Word Power: A New Approach for Content Analysis［J］. Journal of Financial Economics, 2013, 110（3）: 712-729.

［140］Jiang F, Lee J, Martin X, et al. Manager Sentiment and Stock Returns［J］. Journal of Financial Economics, 2019, 132（1）: 126-149.

［141］Jiang F, Tang G, Zhou G. Firm Characteristics and Chinese Stocks［J］. Journal of Management Science and Engineering, 2018, 3（4）: 259-283.

［142］Jiang G, Lee C M, Zhang Y. Information Uncertainty and Expected Returns［J］. Review of Accounting Studies, 2005, 10（2-3）: 185-221.

［143］Karolyi G A, Van N S. New Methods for the Cross-Section of Returns［J］. The Review of Financial Studies, 2020, 33（5）: 1879-1890.

［144］Kelly B T, Pruitt S, Su Y. Characteristics Are Covariances: A Unified Model of Risk and Return［J］. Journal of Financial Economics, 2019, 134（3）: 501-524.

［145］Kelly B, Pruitt S. Market Expectations in The Cross-Section of Present Values［J］. Journal of Finance, 2013, 68（5）: 1721-1756.

［146］Khandani A E, Kim A J, Lo A W. Consumer Credit-Risk Models via Machine-Learning Algorithms［J］. Journal of Banking & Finance, 2010, 34（11）: 2767-

2787.

[147] Kim H Y, Won C H. Forecasting the Volatility of Stock Price index: A Hybrid Model integrating LSTM with Multiple Garch-Type Models [J]. Expert Systems with Applications, 2018 (103): 25-37.

[148] Kozak S, Nagel S, Santosh S. Shrinking the Cross Section [J]. Journal of Financial Economics, 2020 (135): 271-292.

[149] Krauss C, Do X A, Huck N. Deep Neural Networks, Gradient-Boosted Trees, Random forests: Statistical Arbitrage on The S&P 500 [J]. European Journal of Operational Research, 2017, 259 (2): 689-702.

[150] Lakonishok J, Shleifer A, Vishny R. Contrarian Investment, Extrapolation, and Risk [J]. Journal of Finance, 1994, 49 (5): 1541-1578.

[151] Lettau M, Pelger M. Estimating Latent Asset-Pricing Factors [J]. Journal of Econometrics, 2020, 218 (1): 1-31.

[152] Lewellen J, Nagel S. The Conditional CAPM Does Not Explain Asset-Pricing Anomalies [J]. Journal of Financial Economics, 2006, 82 (2): 289-314.

[153] Li D, Zhang L. Does Q-theory with Investment Frictions Explain Anomalies in the Cross Section of Returns? [J]. Journal of Financial Economics, 2010, 98 (2): 297-314.

[154] Liu J, Stambaugh R F, Yuan Y. Size and Value in China [J]. Journal of Financial Economics, 2019, 134 (1): 48-69.

[155] Lo A W, MacKinlay A C. An Econometric Analysis of Nonsynchronous Trading [J]. Journal of Econometrics, 1990, 45 (1-2): 181-211.

[156] Loughran T, Ritter J R. The New Issues Puzzle [J]. Journal of Finance, 1995, 50 (1): 23-51.

[157] Lucas R E. Asset Prices in an Exchange Economy [J]. Econometrica, 1978, 46 (6): 1429-1445.

[158] Maknickienė N, Maknickas A. Application of Neural Network for forecasting of Exchange Rates and forex Trading [C]. Proceedings of the 7th International Scientific Conference on Business and Management, 2012.

[159] Markowitz H. Portfolio Selection [J]. Journal of Finance, 2012, 7 (1): 77-91.

[160] Martin I, Nagel S. Market Efficiency in The Age of Big Data [R]. Available at SSRN 3518963, 2019.

[161] Mcaleer M, Medeiros M C. Forecasting Realized Volatility with Linear and Nonlinear Univariate Models [J]. Journal of Economic Surveys, 2011, 25 (1): 6-18.

[162] Mcconnell J J, Muscarella C J. Corporate Capital Expenditure Decisions and The

Market Value of the Firm[J]. Journal of Financial Economics, 1985, 14(3): 399-422.

[163] Mclean R D, Pontiff J. Does Academic Research Destroy Stock Return Predictability? [J]. Journal of Finance, 2016, 71(1): 5-32.

[164] Mei J, Scheinkman J, Xiong W. Speculative Trading and Stock Prices: Evidence from Chinese AB Share Premia [J]. Annals of Economics and Finance, 2009, 10(2): 225-255.

[165] Merton R C. An Intertemporal Capital Assets Pricing Model [J]. Econometrica, 1973, 41(5): 867-887.

[166] Messmer M. Deep Learning and the Cross-Section of Expected Returns [R]. Available at SSRN 3081555, 2018.

[167] Mullainathan S, Spiess J. Machine Learning: An Applied Econometric Approach [J]. Journal of Economic Perspectives, 2017(31): 87-106.

[168] Neely C J, Rapach D E, Tu J, et al. Forecasting the Equity Risk Premium: The Role of Technical Indicators [J]. Management Science, 2014, 60(7): 1772-1791.

[169] Nelson D M, Pereira A C, De Oliveira R A. Stock Market's Price Movement Prediction with LSTM Neural Networks [C]. Proceedings of the 2017 International Joint Conference on Neural Networks, 2017.

[170] Nieuwerburgh S. New Methods for The Cross-Section of Returns [J]. The Review of Financial Studies, 2020, 33(5): 1879-1890.

[171] Novy-Marx R. The Other Side of Value: The Gross Profitability Premium [J]. Journal of Financial Economics, 2013, 108(1): 1-28.

[172] Ohlson J A. Financial Ratios and The Probabilistic Prediction of Bankruptcy [J]. Journal of Accounting Research, 1980(18): 109-131.

[173] Oliveira N, Cortez P, Areal N. The Impact of Microblogging Data for Stock Market Prediction: Using Twitter to Predict Returns, Volatility, Trading Volume and Survey Sentiment indices [J]. Expert Systems with Applications, 2017(73): 125-144.

[174] Ou J A, Penman S H. Financial Statement Analysis and the Prediction of Stock Returns [J]. Journal of Accounting and Economics, 1989, 11(4): 295-329.

[175] Patel J, Shah S, Thakkar P and Kotecha K. Predicting Stock Market Index Using Fusion of Machine Learning Techniques [J]. Expert Systems with Applications, 2015, 42(4): 2162-2172.

[176] Ritter J R. The Long-Run Performance of Initial Public offerings [J]. Journal of Finance, 1991, 46(1): 3-27.

[177] Rosenberg B, Reid K, Lanstein R. Efficient Capital Markets: II [J]. Persuasive

Evidence of Market Inefficiency, 1985, 11（3）: 9-16.

［178］Ross S A. The Arbitrage Theory of Capital Asset Pricing［J］. Journal of Economic Theory, 1976, 13（3）: 341-360.

［179］Rumelhart D E, Hinton G E, Williams R J. Learning Representations by Back-Propagating Errors［J］. Nature, 1986, 323（6088）: 533-536.

［180］Schmidhuber J, Hochreiter S. Long Short-Term Memory［J］. Neural Computation, 1997, 9（8）: 1735-1780.

［181］Sharpe W F. Capital Asset Prices: A Theory of Market Equilibrium under Conditions of Risk［J］. Journal of Finance, 1964, 19（3）: 425-442.

［182］Shiller R J. The Use of Volatility Measures in Assessing Market Efficiency［J］. Journal of Finance, 1981, 36（2）: 291-304.

［183］Shiller R J. Co-movements in Stock Prices and Co-movements in Dividends［J］. Journal of Finance, 1989, 44（3）: 719-729.

［184］Simonian J, Wu C, Itano D and Narayanam V. A Machine Learning Approach to Risk Factors: A Case Study Using the Fama - French - Carhart Model［J］. The Journal of Financial Data Science, 2019, 1（1）: 32-44.

［185］Sirignano J, Sadhwani A, Giesecke K. Deep Learning for Mortgage Risk［J］. arXiv Preprint arXiv: 1607.02470, 2016.

［186］Song Z, Xiong W. Risks in China's Financial System［J］. Annual Review of Financial Economics, 2018（10）: 261-286.

［187］Stambaugh R F, Yuan Y. Mispricing Factors［J］. Review of Financial Studies, 2016, 30（4）: 1270-1315.

［188］Stambaugh R F, Yu J, Yuan Y. Arbitrage Asymmetry and The Idiosyncratic Volatility Puzzle［J］. Journal of Finance, 2015, 70（5）: 1903-1948.

［189］Titman S, Wei K J, Xie F. Capital investments and Stock Returns［J］. Journal of Financial and Quantitative Analysis, 2004（39）: 677 - 700.

［190］Wang H, Yu J. Dissecting the profitability premium［R］. Available at SSRN 1711856, 2013.

［191］Wang W Y, Hua Z. A Semiparametric Gaussian Copula Regression Model for Predicting Financial Risks from Earnings Calls［C］. Proceedings of The Proceedings of the 52nd Annual Meeting of the Association for Computational Linguistics, 2014.

［192］Welch I, Goyal A. A Comprehensive Look at The Empirical Performance of Equity Premium Prediction［J］. The Review of Financial Studies, 2008, 21（4）: 1455-5108.

［193］Yan X, Zheng L. Fundamental Analysis and The Cross-Section of Stock Returns: A

Data-Mining Approach [J]. The Review of Financial Studies, 2017, 30（4）: 1382-1423.

[194] Yao J, Li Y, Tan C L. Option Price Forecasting Using Neural Networks [J]. Omega, 2000, 28（4）: 455-466.

[195] Yao Y, Zhai J, Cao Y, et al. Data Analytics Enhanced Component Volatility Model [J]. Expert Systems with Applications, 2017（84）: 232-41.

[196] Yoshihara A, Fujikawa K, Seki K. Predicting Stock Market Trends by Recurrent Deep Neural Networks [C]. Proceedings of The Pacific Rim International Conference on Artificial intelligence, 2014.

[197] Zou H, Hastie T. Regularization and Variable Selection via the Elastic Net [J]. Journal of The Royal Statistical Society: Series B, 2005, 67（2）: 301-320.

附 录

附录一：企业微观层面特征变量构建方法

本书使用的微观异象因子构建公式如下：

1. 资产市值比（AM）：总资产 AT 除以财政年末市值 MV。

$$AM_t = \frac{AT_t}{MV_t}$$

2. 账面市值比（BM）：权益账面价值 BV 除以财政年末市值 MV。

$$BM_t = \frac{BV_t}{MV_t}$$

3. 现金流股价比（CFP）：企业现金流 CF 除以财政年末市值 MV。

$$CFP_t = \frac{CF_t}{MV_t}$$

4. 债务股本比（DER）：总负债 TL（Total Liabilities）除以财政年末市值 MV。

$$DER_t = \frac{TL_t}{MV_t}$$

5. 长期债务股本比（LDME）：长期负债 LTL（Long term Liabilities）除以财政年末市值 MV。

$$LDME_t = \frac{LTL_t}{MV_t}$$

6. 红利价格比（DP）：总分红 TD（Total Dividends）除以财政年末市值 MV。

$$DP_t = \frac{TD_t}{MV_t}$$

7. 市盈率（EP）：扣除非常规项目的年度盈利 NI 除以财政年末市值 MV。

$$EP_t = \frac{NI_t}{MV_t}$$

8. 债务增长（LG）：总负债 TL 的变动除以前一年度的总负债规模。

$$LG_t = \frac{TL_t - TL_{t-1}}{TL_{t-1}}$$

9. 营运现金流价格比（OCFP）：企业经营现金流 CFO 除以财政年末市值 MV。

$$OCFP_t = \frac{CFO_t}{MV_t}$$

10. 股息股份比（PY）：扣除非常规项目的年度盈利 NI 减去权益账面价值 BE 的变化再除以财政年末市值 MV。

$$PY_t = \frac{NI_t - (BE_t - BE_{t-1})}{MV_t}$$

11. 可持续增长率（SG）：权益账面价值 BE 的年度变化率。

$$SG_t = \frac{BE_t - BE_{t-1}}{BE_{t-1}}$$

12. 销量增长与存货增长差值（SMI）：销售收入的年度变化减去存货的年度变化。

$$SMI_t = \Delta Sales_t - \Delta INV_t$$

13. 销量价格比（SP）：企业销售收入除以财政年末市值 MV。

$$SP_t = \frac{Sales_t}{MV_t}$$

14. 纳税增长率（TG）：应交税金 TP（Taxes Payable）的年度变化率。

$$TG_t = \frac{TP_t - TP_{t-1}}{TP_{t-1}}$$

15. 应计收入（ACC）：净利润 NI 减去经营现金流 CFO 除以两年的平均总资产。

$$ACC_t = \frac{2(NI_t - CFO_t)}{TA_t + TA_{t-1}}$$

16. 百分比应计收入（PACC）：净利润 NI 减去经营现金流 CFO 除以净利润 NI。

$$PACC_t = \frac{NI_t - CFO_t}{NI_t}$$

17. 资本开销增长率（CAPXG）：资本 CAPEX 支出的年度变化率，其中 CAPEX 为企业资金在固定资产、无形资产、递延资产的投入。

$$CAPXG_t = \frac{CAPEX_t - CAPEX_{t-1}}{CAPEX_{t-1}}$$

18. 股东权益变化（dBe）：权益账面价值 BE 的变化除以上一期总资产 TA。

$$dBe_t = \frac{BE_t - BE_{t-1}}{TA_{t-1}}$$

19. 固定资产与存货变化率（dPIA）：固定资产 PPE 的年度变化加上存货 INV 的年度变化除以上一期总资产 TA。

$$dPIA_t = \frac{(PPE_t - PPE_{t-1}) + (INV_t - INV_{t-1})}{TA_{t-1}}$$

20. 投资资产比（IA）：总资产 TA 的年度变化率。

$$IA_t = \frac{TA_t - TA_{t-1}}{TA_{t-1}}$$

21. 存货变化率（IVC）：存货 INV 年度变化除以两年的平均总资产 TA。

$$IVC_t = \frac{2(INV_t - INV_{t-1})}{TA_t + TA_{t-1}}$$

22. 存货增长率（IVG）：存货 INV 的年度变化率。

$$IVG_t = \frac{INV_t - INV_{t-1}}{INV_{t-1}}$$

23. 净运营资本（NOA）：运营资产 OA 减去运营负债 OL 除以上一期的总资产 TA。其中，OA 是总资产 TA 与现金和短期投资 CHE 的差值，OL 是总资产 TA 与包括流动负债的债务 DLC、长期债务 DLTT、少数股东权益 MIB、优先股 PSTK 和普通股 CEQ 的差值。

$$NOA_t = \frac{OA_t - OL_t}{TA_{t-1}}$$

$$OA_t = TA_t - CHE_t$$

$$OL_t = TA_t - DLC_t - DLTT_t - MIB_t - PSTK_t - CEQ_t$$

24. 资产换手率（ATO）：年度销售额 Sales 除以上一期净运营资本 NOA。

$$ATO_t = \frac{Sales_t}{NOA_{t-1}}$$

25. 现金流资产比（CFOA）：经营现金流 CFO 除以总资产 TA。

$$CFOA_t = \frac{CFO_t}{TA_t}$$

26. 现金生成率（CP）：流通股市值 ME 加上长期负债 LTL 减去总资产 TA 再除以现金及现金等价物 CCE。

$$CP_t = \frac{ME_t + LTL_t - TA_t}{CCE_t}$$

27. 现金资产比（CTA）：现金及现金等价物 CCE 除以两年的平均总资产 TA。

$$CTA_t = \frac{2CCE_t}{TA_t + TA_{t-1}}$$

28. 资本换手率（CTO）：销售收入 Sale 除以上一期总资产 TA。

$$CTO_t = \frac{Sales_t}{TA_{t-1}}$$

29. 息税前收益（EBIT）：净利润 NI 与利息 INT、税费 Tax 的和。

$$EBIT_t = NI_t + INT_t + Tax_t$$

30. 企业收益率（EY）：息税前利润 EBIT 除以企业价值 EV。其中企业价值 EV 为企业的债务 TL 加上权益的市值 ME 减去现金及现金等价物 CCE。

$$EY_t = \frac{EBIT_t}{EV_t}$$

$$EV_t = TL_t + ME_t - CCE_t$$

31. 边际毛利（GM）：主营业务收入 OR 减去主营业务成本 COGS 除以上期主营业务收入 OR。

$$GM_t = \frac{OR_t - COGS_t}{OR_{t-1}}$$

32. 毛利率（GP）：当季主营业务收入 OR 减去主营业务成本 COGS 除以当季和上一季度的当季主营业务收入 OR 均值。

$$GP_t = \frac{OR_t - COGS_t}{OR_t + OR_{t-1}}$$

33. 净利润（NPOP）：净利润 NI 减去权益账面价值变动 BE 除以净利润 NI。

$$NPOP_t = \frac{NI_t - (BE_t - BE_{t-1})}{NI_t}$$

34. 净运营资产收益率（RNA）：折旧后的利润 NI 除以上一期的净运营资本 NOA。

$$RNA_t = \frac{NI_t}{NOA_{t-1}}$$

35. 资产收益率（ROA）：主营业务利润 NI 除以本期和上一期的平均

总资产 TA。

$$ROA_t = \frac{2 \times NI_t}{TA_{t-1} + TA_t}$$

36. 股权收益率（ROE）：主营业务利润 NI 除以本期和上一期的权益资产 EQ。

$$ROE_t = \frac{2 \times NI_t}{EQ_{t-1} + EQ_t}$$

37. 投资型资产收益率（ROIC）：息前税后净利润 NOPAT 除以扣除现金及现金等价物 CCE 和非经营性资产 nonOA 的企业价值 EV。

$$ROIC_t = \frac{EBIT_t \times (1-T)}{EV_t - CCE_t - nonOA_t}$$

38. 应税所得与账面资产比（TBI）：息前税后净利润 NOPAT 除以净利润 NI。

$$TBI_t = \frac{EBIT_t \times (1-T)}{NI_t}$$

39. Z 评分（Z）：

$$Z_t = 1.2 \times (\frac{WCAP_t}{TA_t}) + 1.4 \times (\frac{RE_t}{TA_t}) + 3.3 \times (\frac{EBIT_t}{AT_t}) + 0.6 \times (\frac{ME_t}{BL_t}) + (\frac{Sales_t}{TA_t})$$

40. 6 个月惯性变化（CHMOM）：股票 $t-6$ 月到 $t-1$ 月的累计收益减去 $t-12$ 月到 $t-7$ 月的累计收益。

$$CHMOM_{i,t} = \prod_{m=-1}^{-6}(Ret_i + 1) - \prod_{m=-7}^{-12}(Ret_i + 1)$$

41. 超短期动量（MOM1M）：上月的股票收益。

$$MOM1M_{i,t} = Ret_{i,t-1}$$

42. 短期动量 MOM6M：$t-6$ 月到 $t-2$ 月的累计收益。

$$MOM6M_{i,t} = \prod_{m=-2}^{-6}(Ret_{i,m} + 1) - 1$$

43. 中期动量（MOM12M）：t–12 月到 t–2 月的累计收益。

$$MOM12M_{i,t} = \prod_{m=-2}^{-12}(Ret_{i,m}+1) - 1$$

44. 长期动量（MOM36M）：t–36 月到 t–13 月的累计收益。

$$MOM36M_{i,t} = \prod_{m=-13}^{-36}(Ret_{i,m}+1) - 1$$

45. 长期反转（REVL）：t–60 月到 t–13 月的累计收益。

$$REVL_{i,t} = \prod_{m=-13}^{-60}(Ret_{i,m}+1) - 1$$

46. 交易量惯性（VOLM）：过去 6 个月前 20% 日度交易量最高股票的短期动量值。

47. 交易量趋势（VOLT）：各股的前 5 年的月度交易量均值除以同期整个市场的平均交易量。

48. 蒂姆森风险系数（B_DIM）：使用领先和滞后一期以及当期的市场组合收益 MKT 与个股收益进行回归计算得到的回归系数均值。

$$Ret_t = \alpha_i + \beta_0 MKT_{t-1} + \beta_1 MKT_t + \beta_2 MKT_{t+1} + \epsilon_t$$

$$\beta_{Dim} = \frac{1}{3}(\beta_0 + \beta_1 + \beta_2)$$

49. 下行系数（B_DN）：在市场处于下行期即当市场组合收益低于近期收益均值时计算各股的系统风险系数。

$$\beta^- = \frac{Cov(r_i, r_m \mid r_m < \mu_m)}{Var(r_m \mid r_m < \mu_m)}$$

50. 系统性风险系数（BETA）：使用三年滚动窗口的周收益计算 β 值。

$$\beta = \frac{Cov(r_i, r_m)}{Var(r_m)}$$

51. 系统性风险系数平方（BETASQ）：系统性风险 β 的平方 β^2。

52. 法马 – 弗伦奇系数（B_FF）：使用五年滚动窗口的月度收益计算

β值，且回归中的市场因子包含一期滞后项。

$$Ret_t = \alpha_i + \beta_0 MKT_{t-1} + \beta_1 MKT_t + \varepsilon_t$$

$$\beta_{FF} = \frac{1}{2}(\beta_0 + \beta_1)$$

53. 弗兰兹尼与皮特森系数（B_FP）：使用领先和滞后一期以及当期的市场组合收益 MKT 与个股收益进行回归计算得到的回归系数的时序均值 β_i^{TS}，并使用横截面上所有当期股票的 β 均值 β^{XS} 对其进行收缩处理。

$$Ret_{i,t} = \alpha_i + \beta_{i,0} MKT_{t-1} + \beta_{i,1} MKT_t + \beta_{i,2} MKT_{i,t+1} + \varepsilon_t$$

$$\beta_i^{TS} = \frac{1}{3}(\beta_{i,0} + \beta_{i,1} + \beta_{i,2})$$

$$\beta_i^{FP} = \frac{1}{2}\beta_i^{TS} + \frac{1}{2}\beta^{XS}$$

54. 洪与斯拉尔系数（B_HS）：使用一年滚动窗口的日度收益计算 β 值。

55. 异质性收益波动率（IVOL）：使用三年窗口期的各股周收益和周市场组合收益回归的残差的标准差。

56. 非流动性（ILLIQ）：过去 12 个月日度平均绝对收益除以日度交易量的算术均值。

57. 最大日收益（MAXRET）：各股 t-1 月的单日最高收益。

58. 股价（PRC）：t-1 月最后交易日的收盘价。

59. 延迟股价（PRCDEL）：计算包含当期和滞后四期市场组合收益的回归方程拟合优度，以及只包含当期市场组合收益的回归方程拟合优度 $R^2_{\delta_i^{(-n)}=0, \forall n \in [1,4]}$，延迟股价 PRCDEL 为 1 减去两者的比值。

$$R_{i,t} = a_{i,t} + \beta_{i,t} R_{m,t} + \sum_{n=1}^{4} \delta_i^{(-n)} R_{m,t-n} + \mu_{i,t}$$

$$PRCDEL = 1 - \frac{R^2_{\delta_i^{(-n)}=0, \forall n \in [1,4]}}{R^2}$$

60. 人民币交易量（RVOL）：最近 3 个月各股人民币计价的交易金额的对数。

61. 公司规模（SIZE）：各股的流通市值。

62. 人民币交易量波动率（STD_RVOL）：每月日度交易金额 RVOL 的标准差。

$$STD\_RVOL = \sqrt{\frac{1}{n-1}\sum_{d=1}^{n}(RVOL_d - \overline{RVOL_d})^2}$$

63. 换手率波动率（STD_TURN）：每月日度换手率的标准差。

$$STD\_TURN = \sqrt{\frac{1}{n-1}\sum_{d=1}^{n}(TURN_d - \overline{TURN_d})^2}$$

64. 收益率波动率（RETVOL）：最近两月日度收益的标准差。

$$RETVOL = \sqrt{\frac{1}{n-1}\sum_{d=1}^{n}(ret_d - \overline{ret_d})^2}$$

65. 股票换手率（TURN）：最近 3 个月的平均月交易量除以流通股数。

66. 零交易天数（ZEROTRADE）：当月的 0 交易量天数占当月总交易天数比。

67. 公司年龄（AGE）：企业自上市日起到当年的值上市年度数。

68. 现金流负债比（CFD）：经营现金流 CFO 除以流动负债 CL。

$$CFD_t = \frac{CFO_t}{CL_t}$$

69. 流动比率（CR）：流动资产 CA 除以流动负债 CL。

$$CR_t = \frac{CA_t}{CL_t}$$

70. 流动比率增长（CRG）：流动比率 CR 的年度变化。

$$CRG_t = CR_t - CR_{t-1}$$

71. 速动比率（QR）：流动资产 CA 减去存货 INV，除以流动负债

CL。

$$QR_t = \frac{CA_t - INV_t}{CL_t}$$

72. 速动比率增长（QRG）：速动比率 QR 的年度变化。

$$QRG_t = QR_t - QR_{t-1}$$

73. 销量现金比（SC）：销售收入 Sales 除以现金及现金等价物 CCE。

$$SC = \frac{sales_t}{CCE_t}$$

74. 销量存货比（SI）：销售收入 Sales 除以存货 INV。

$$SI = \frac{Sales_t}{INV_t}$$

附录二：机器学习模型的超参数设定

本书使用的各机器学习模型超参数设定如下：

1. LASSO、岭回归和弹性网络

带惩罚项的线性回归模型的超参数主要为惩罚因子 λ，本书统一设定 λ 为 1e–6。对于弹性网络模型，ρ 值设定为 0.5。

$$b^* = \arg\min \sum_{i=1}^{m}(y_i - \sum_{j=1}^{n}b_j x_{i,j})^2 + \lambda\rho\sum_{j=1}^{n}|b_j| + \lambda(1-\rho)\sum_{j=1}^{n}b_j^2$$

2. 主成分分析 PCA 和偏最小二乘法 PLS

本书使用 PCA 或 PLS 进行降维时，降维维度 K 设定为 [1, 10]，具体每期的设定值为当期验证集中预测精度最高的维度值。

3. 增强梯度下降 GBDT 和随机森林 RF

树形模型超参数主要为最大模型深度和单棵树使用的最大特征数，其中最大模型深度备选值设定为 [2, 4, 8, 16, 32]，最大特征数设定为总特征数的平方根。

4. 前馈神经网络 FFN 和长短期记忆 LSTM

神经网络的超参数较多且较为复杂，因此本书先对各类超参数进行说明，然后给出本书中实证分析中的参数设定。

学习率（Learning Ratio，LR）

在使用梯度下降算法计算模型参数时，需要设定步长 η 控制迭代速率，η 也被称为学习率。当 η 设置较大时，参数可能在最优点附近不断跳动而无法收敛；当 η 过小时，则会影响计算效率，因而寻找合适的学习率是神经网络模型重要的调参过程。此外，本书使用了随机梯度下降算法（Stochastic Gradient Descent，SGD）作为梯度下降模型，即在每次参数更新时只选取一部分样本计算目标函数梯度值，在提升效率的同时可以避免模型陷入"局部最优"的情况。

随机失活（Dropout）

对于神经网络各层，随机失活是指在每次训练时随机丢弃一定比例的神经节点以增强模型的泛化能力，节约计算时间的同时可以显著降低过拟合的情况。设定 r_j 服从伯努利离散分布，则对于 l 层在随机丢弃节点后的新输出为：

$$\tilde{x}^{(l-1)} = r_j * x^{(l-1)}$$

$$x_K^{(l)} = g(b^{l-1} + \tilde{x}^{(l-1)'} W^{(l-1)})$$

对于不同的模型，随机失活的使用略有差异。类似于 FFN 的一般神经网络模型在随机失活时将输出归零得到稀疏矩阵。而 LSTM 模型在计算时需要反复迭代，因而如果设定较大的失活比例会加大计算量并导致结果不稳定。

批量正则化（Batch Normalization，BN）

传统的深度神经网络在训练时，随着参数的不断更新，中间每一层输入的数据分布往往会和参数更新之前有较大的差异，导致网络要不断地适应新的数据分布，进而使得训练变得异常困难，而且当中间层的深度越大时，这种现象就越明显。为了解决这个问题，Ioffe and Szegedy（2015）提出批量标准化（Batch Normalization，BN），即对于每一隐藏层的输入均进行标准化处理，从而避免内部协变量偏移的问题。对于 L-1 层的输出 $x_K^{(L-1)}$ 其标准化后进入到 L 层的输入为 $(x_K^{(L-1)} - \mu)/\sigma$，$\mu$ 和 σ 分别为数据对应的均值和标准差。BN 方法可以有效地避免模型收敛过程中的梯度消失和梯度爆炸状况，在实际中受到广泛的应用。

早停法（Early Stopping，ES）

模型的泛化能力通常使用模型在验证集上的表现来评估。通常情况下当模型出现过拟合时，训练集上表现得很好但验证集上表现逐渐变差。早停法 ES 基本含义是在训练中计算模型在验证集上的表现，当模型在验证集上的表现开始下降的时候，停止训练，这样就能避免继续训练导致过拟合的问题。ES 参数设定主要包括需要监视的变量特征和容忍迭代数，即在模型表现没有提高时最多容忍的训练迭代次数。

附表 2-1 给出本书所使用的 FFN 和 LSTM 模型各超参数备选值和最终设定值。

附表 2-1　FFN 和 LSTM 模型超参数设定

超参数	说明	备选	FFN 最优	LSTM 最优
LR	梯度下降优化算法学习率	0.001，0.005，0.01，0.02	0.001	0.001
网络层	神经网络各层节点结构	（N，N，…，N/2），（N，N/2，N/4，…）	（N，N/2，N/4，…）	（N，N/2，N/4，…）
DP	模型随机失活比例	0.2，0.5，0.8	0.5	0.2
ES	早停法最大容忍迭代数	20，50，80	20	20

5. 生成式对抗 GAN

本书使用的 GAN 模型生成器为长短期记忆网络 LSTM，判别器为卷积神经网络 CNN，均为神经网络类模型，附表 2-2 给出本书所使用的 GAN 模型生成器和判别器各超参数备选值和最终设定值。

附表 2-2　生成式对抗网络模型超参数设定

超参数	说明	备选	生成器最优	判别器最优
LR	梯度下降优化算法学习率	0.001，0.005，0.01，0.02	0.001	0.001
网络层	神经网络各层节点结构	（N，N，…，N），（N，N/2，N/4，…）	（N，N/2，N/4，…）	（N，N，…N）

续表

超参数	说明	备选	生成器最优	判别器最优
DP	模型随机失活比例	0.2, 0.5, 0.8	0.2	0.8
ES	早停法最大容忍迭代数	20, 50, 80	20	20

后 记

　　本书撰稿于2021年年中，适逢酷暑和疫情，在师长和朋友的鼓励下，整理了过往四年博士生涯的研究成果，终成此书。回首半生，都是漫长的隐忍和坚持，似有千言万语，但话到嘴边，最终一笑而过。

　　感谢国家。一路走来虽有弯路，但得益于国家的发展给予我们普通人改变的机遇。

　　感谢父母。背后经济和精神的支持是实现个人理想的最大保障。

　　感谢老师。拨云见雾，让我重新对教师这一岗位有了新的认知，未来的路，希望能不忘初心。

2023年于北京海淀

图书在版编目(CIP)数据

机器学习与资产定价：A股市场收益预测及特征分析研究 / 马甜著. —北京：经济日报出版社，2023.9

ISBN 978-7-5196-1345-7

Ⅰ.①机… Ⅱ.①马… Ⅲ.①机器学习—应用—股票市场—投资收益—经济预测—研究—中国 Ⅳ.①F832.48

中国国家版本馆CIP数据核字(2023)第170381号

机器学习与资产定价：A股市场收益预测及特征分析研究
JIQI XUEXI YU ZICHAN DINGJIA:A GU SHICHANG SHOUYI YUCE JI TEZHENG FENXI YANJIU

马　甜　著

出　　版：	经济日报出版社
地　　址：	北京市西城区白纸坊东街2号院6号楼710（邮编100054）
经　　销：	全国新华书店
印　　刷：	北京虎彩文化传播有限公司
开　　本：	710mm×1000mm　1/16
印　　张：	12.5
字　　数：	159千字
版　　次：	2023年9月第1版
印　　次：	2023年9月第1次印刷
定　　价：	49.00元

本社网址：edpbook.com.cn　　　　微信公众号：经济日报出版社
未经许可，不得以任何方式复制或抄袭本书的部分或全部内容，版权所有，侵权必究。
举报电话：010-63567684
本书如有印装质量问题，请与本社总编室联系，联系电话：010-63567684